AI文案营销

打动人心的
自媒体成交心法……

王京 ◎ 著

化学工业出版社

· 北京 ·

内 容 简 介

当你熬夜写文案的时候，别人已经利用AI文案营销模板，完成一周的工作量了。在信息爆炸的时代，如何抓住用户注意力，迅速达成商业目标？《AI文案营销：打动人心的自媒体成交心法》为你提供解决方案。

本书提供了上百个AI文案营销模板任你挑选。内容涵盖个人IP构建、精准痛点营销、未来趋势解读等多种场景的文案技巧，并配以AI提示词，助你在短时间内创作出打动人心的文案。不管你是打造个性化的个人介绍、微信朋友圈、小红书笔记、公众号以及爆款短视频，全都能在书中找到模板，并交给AI来快速完成，帮你省下大把时间和精力，相当于有了一个AI员工24小时为你"打工"。即使你一个人在家也能打造个人IP、引流获客、副业带货变现。

不论你是自媒体新人、职业营销人、高校新媒体相关专业的学生，还是创业者，都能轻松上手，用文案实现高效成交。本书就像是陪伴在你身边的"文案销冠"助理，帮助你把AI转化成秘密武器，让文案创作不再困难，成交更有保障。

图书在版编目(CIP)数据

AI文案营销 ： 打动人心的自媒体成交心法 / 王京著.

北京 ： 化学工业出版社，2025. 5. -- ISBN 978-7-122
-47938-9

Ⅰ．G206.2-39

中国国家版本馆CIP数据核字第2025XK1459号

责任编辑：李　辰　孙　炜　　　　　　　封面设计：异一设计
责任校对：李　爽　　　　　　　　　　　装帧设计：盟诺文化

出版发行：化学工业出版社（北京市东城区青年湖南街13号　邮政编码100011）
印　　装：中煤（北京）印务有限公司
710mm×1000mm　1/16　印张16¼　字数330千字　2025年6月北京第1版第1次印刷

购书咨询：010-64518888　　　　　　　　　售后服务：010-64518899
网　　址：http://www.cip.com.cn
凡购买本书，如有缺损质量问题，本社销售中心负责调换。

定　　价：69.80元　　　　　　　　　　　版权所有　违者必究

前言

P R E F A C E

在数字时代信息极度过剩、自媒体重构传播秩序的当下，大众对碎片化的商业广告早已审美疲劳。相比之下，真正能够抓住用户注意力的，是那些以个人IP、实用干货、直击痛点、逆袭爽文或励志故事等形式呈现的短篇文案。

随着互联网技术的飞速发展，线上交易已成为主流消费方式，智能手机的普及让随时随地下单成为现实。

在这个时代，互联网与人工智能（AI）的结合让文案营销的影响力瞬间放大无数倍。那么，我们如何巧妙利用这一势能呢？

首先，需要精心打磨一篇具有高转化率的文案；其次，选择用户基数庞大的平台，如微信、抖音、小红书等进行精准投放；最后，等待文案在平台上传播和发酵。

线上成交就是这么简单。当然，这一切的前提是，你必须拥有能够打动客户的销售文案。要知道，一篇优秀的销售文案抵得上若干个销售员。当你在某个渠道打造出一篇高质量的销售文案时，就如同在流量入口蹲守了一个"金牌销售员"，随时帮你迎接客户，介绍产品。它能够24小时不间断地帮你完成自动成交。

本书专注于AI文案营销，精心编制了100个实用的AI文案营销公式，并对每个公式进行深入剖析，揭示其背后的底层逻辑。为了让读者能够快速上手，书中不仅提供了"写作公式+填空式模板"，还结合AI工具，给出100套对应的AI提示词，让你在短时间内就能轻松撰写出一篇营销文案。

此外，本书还针对各大热门平台（如公众号、朋友圈、小红书等）的特点，量身定制了不同类型的文案模板，助你在各个平台上都能精准投放，实现高效转化。

本书没有高深的理论，书中内容全部来源于笔者的实践经验及学员成交案例，实用性强。

掌握本书精髓，你也能够创作出高转化率的销售文案。

如何更好阅读这本书？

1. 全文快读，把握精髓

快速浏览全书，整体把握内容。你会发现书中充满了实用干货，每个模板都配有案例和公式，便于新手快速上手。

2. 细节慢读，边读边用

在全面阅读后，逐一尝试运用书中的模板。实践是最好的学习方式！在使用过程中，不妨放慢速度，深入剖析底层逻辑，灵活运用AI提示词，举一反三，从一套模板中衍生出百篇精彩文案。

3. 共同阅读，激发灵感

笔者发现，每次开展线上文案训练营，一群人一起写文案的效果，往往好过自己一个人写。集体讨论会给我们彼此更多灵感。因此，诚挚邀请你将本书推荐给身边的朋友或在团队内部共同阅读，共同探讨，共同进步。

希望本书能对读者朋友们有所帮助。由于作者知识水平有限，书中难免有疏漏之处，也恳请广大读者批评、指正。笔者的微信是：1346778248，也可扫描下方二维码。欢迎沟通、交流！

目录
CONTENTS

1

第一章

AI 文案营销，
助你实现自动式
批量成交

第1节　线上文案成交，十倍提升成交率

在互联网时代，线上购物已然成为消费者的首选。人们越来越习惯于借助手机、电脑等电子设备，轻松浏览商品、对比价格、查阅评价，然后下单购买。这种既便捷又高效的购物方式，不仅提供了丰富的商品选择，还节省了时间和精力，从而让消费者有了良好的购物体验。

线上交易，已经是一种必然趋势。

但是，线上交易的关键在于为消费者和商品搭建"桥梁"：你必须先撰写出色的文案，清晰地介绍产品，精准击中用户需求，为屏幕前准备购买的客户提供一个强有力的购买理由。

以我个人经历为例，我出版的第一本书，在一天内便快速整合了20个社群，一经发售，快速成交1000多人，这正是线上文案成交的强大威力。你可以撰写一篇文案，在一天之内吸引全国各地的同频朋友聚集在一起，实现批量成交。

以往，想要吸引1000多人来到你的店里都难上加难，更别提一次性成交1000多人了。

线上购物的便利性和成交速度，实现了双赢局面，商家喜欢，用户轻松，大家都乐在其中，这也决定了这种模式存在的必然性。

尽管人们还是会到线下购物，但网上购物的频率已经远超线下。而且，大多数人会先在网上了解信息，然后再去线下查看实际产品。实际上，用户从被文案打动的那一刻起，就已经为成交埋下了伏笔。

随着互联网技术的不断发展和普及，消费者的购物习惯已经发生了翻天覆地的变化。他们不再仅仅满足于简单的商品信息展示，而是希望通过更加生动、有趣的文案来深入了解产品的特点和优势。

线上文案成交不仅能够满足消费者的需求，还能够助力企业更好地展示品牌形象和产品特点。通过精心设计的文案，可以吸引更多潜在客户，提高转化率，从而实现销售业绩的稳步增长。

第2节　好销售以一抵十，好文案以一抵百

我从事自媒体工作以来，90%内容付费产品是通过文案实现成交的。我利用自己的朋友圈和自媒体平台账号，不断发布精心撰写的文案，吸引了大量的人前来咨询和购买。

起初，由于粉丝不多，更不是知名大IP，我对于自己能否吸引付费用户还心存疑虑，因此只敢尝试发售一些单价较低的课程。出乎意料的是，第一次尝试就成功成交了100多人。对于一个新人来说，这是一个重要的里程碑，也是一个相当不错的成绩。于是，我开始复盘和总结其中的关键点，大胆地尝试高客单价产品，最后通过文案大量成交了高客单价用户。

因为产品文案写得足够清晰，足够动人，很多人直接下单，根本不用再去重复介绍一遍，即便是高客单价，大多数人只是问几个关键问题，扫除疑虑后，就能快速成交。相比以前上门推销，一对一介绍产品，效率要高出数倍。

另外，用文案吸引来的用户，远比你去推销来的用户，要容易成交。因为上门咨询者，都是精准的意向用户。

在这个过程中，我也逐渐走出了以前的误区。我意识到，写文案销售的过程，其实就是在打造自己个人IP的过程。一篇好的文案，不仅能够帮助你实现成交，还能在无形中塑造你的品牌形象。

以前，我总是喜欢把个人IP挂在嘴边，但后来才发现，真正的IP是需要通过实际行动和成绩来打造的。只有在取得一定的成果之后，再去帮助更多的人，不断破圈、放大影响力，IP才会自然而然地建立起来。

一篇好的文案，能够触达百万、千万的用户，实现显著的销售业绩，而且能够准确地传达信息，帮助你实现自动成交。

相比之下，一个销售员即使经过培训，也可能因为自身原因而无法精准地传达信息。

信息的传达，语言的表达，这正是销冠和普通销售员的关键区别之一。

因此，认真打磨文案，就相当于派发一个销冠出去帮你谈单，而且是一次性和很多人同时谈单，带来的业绩甚至超过上百个销售人员的努力，为你带来意想不到的惊喜。

首先，一篇好文案具有极强的传播力。它可以通过社交媒体、网站等多种渠道迅速传播，覆盖广泛的受众群体。而一个销售员的时间和精力是有限的，他们无法在短时间内接触到如此多的潜在客户。

其次，好文案能够精准地击中用户的需求和痛点。通过深入的市场调研和数据分析，文案撰写者可以准确地把握目标客户的喜好和需求，从而撰写出更具吸引力的文案。而销售员在与客户沟通时，可能会因为个人表达能力或理解能力的差异，无法完全传达产品的核心价值。

最后，好文案具有持久的影响力。一篇优秀的文案可以在互联网上持续发酵，甚至长期存在，不断吸引新的潜在客户。而销售员的推销效果往往是一次性的，难以形成持续的购买力。

一个好的销售员能够以一抵十，一篇好文案能够以一抵百。

第3节　AI文案营销，开启打动人心的成交之路

线上成交已成为主流，而文案作为成交的关键一环，其重要性不言而喻。

但是，写好文案却并非易事。很多时候，我们绞尽脑汁，也难以挤出一句满意的词句。即使掌握了各种方法和技巧，当灵感不在线或状态不佳时，也很难写出合格的文案来。

这种痛苦的经历，相信许多人都曾经历过。

幸运的是，我们迎来了AI时代。善用AI，可以帮助我们快速创作出优质文案。以前，我们可能需要花费数小时甚至数天的时间来撰写一篇文案，而现在，借助AI的力量，只需短短几分钟就能完成同样的任务。

然而，大部分人又会遇到一个难题：AI生成的内容往往过于机械化，没有人情味，更别奢望帮助我们实现成交了。

我身边很多人在使用AI写文案时，都在抱怨AI写出的内容太生硬，甚至在胡说八道，不仅帮不上忙，还在添乱。

这也是我在用AI写文案过程中遇到的问题。起初，我对AI非常排斥，发现依靠它还不如我手写快。经过多次测试，我发现只要提示词用对了，AI写出的文

案又快又好，甚至超出我的预期，10分钟就能轻轻松松写出一篇好文案。

我还用AI创作出了许多阅读量达10万的爆款文章，对于自媒体创作者来说，这是必须掌握的一项技能，帮助我们节省了大量的脑力和精力，效率倍增。

我将这些经验总结成了公式，你只需套用公式和提示词，复制经验，也能快速写出好文案。在第二章中，我将详细介绍如何利用AI进行高效文案创作，并详细拆解其中的底层逻辑。既有解析，又有步骤，全是实操中的干货。100个文案创作公式，拿来就能用，助你百倍提升效率。无论你是初学者还是资深从业者，都能从中受益。

第二章

100 个 AI 文案
营销模板，
轻松套用

第1节　个人IP（品牌）式文案成交

先做人，后成交！

身处商品琳琅满目的时代，好产品层出不穷，用户为何偏偏选择与你成交呢？

现代社会，人们购买的不仅仅是一款产品，更是产品背后所代表的理念和价值观。就像那些成功的人的成功，无不有着强大的个人魅力作为支撑。他们用自己的真实故事和诚挚的理念打动了无数人，实现了惊人的销售业绩。

比起冷冰冰的产品介绍，用户更渴望了解的是你这个人——你的故事、你的态度、你的热情。通过文案，你可以塑造一个真实而独特的个人形象，建立生活人设，传递出温暖与真诚，从而赢得用户的信任与喜爱。

现在是个人品牌的时代，学会个人IP式成交，才是一个人的王牌。

下面提供了10套个人IP式成交模板，结合了多个实操案例，总结出【公式+案例+填空式模板+案例解析+AI提示词】，帮你解决不会写、不会发、不能自动成交的问题和卡点。

方法简单、超易上手。直接套用，帮你实现文案自动成交。

模板001：固定金句+×月复盘+取得成就+继续努力

★写作公式

固定金句+×月复盘+取得成就+继续努力

★举例说明

【固定金句】无复盘，不翻盘

【×月复盘】王京的×月复盘

【取得成就】

1. 小红书牵手了10000粉丝，接到5条广告……

2. 读完了5本书，分别是：……

3. 与合作方敲定了2篇稿件，稿费到账5位数。

……

【继续努力】原来一个月可以做这么多事！越做事越有底气，用自己的专业服务好更多的人，是一件幸福的事。

★填空式模板

无复盘，不翻盘

_____的___月复盘

1. _____

2. _____

3. _____

原来一个月可以做这么多事！_____

★模板解析

这样的文案有三重效果：

1. 帮助你梳理个人过往的成绩，越梳理越清晰。

2. 让用户看到你在持续做事，而不是一阵风，让大家觉得你不仅是一个靠谱的人，还是一个持续靠谱的人，并且你切切实实拿到了结果。用户就会不自觉地相信你推销的产品，因为他们也想拿到结果。

3. 你复盘的做事条目，已经展示了你的产品，但却没有营销的痕迹。我每个月都会写一篇复盘，每次都能激发很多人来主动询问我，最近有什么课程，想和我一起学习，一起变得更好。这就是文案带来的效果。

让用户下单的不仅仅是你的产品，还有你这个人，你靠谱和认真做事的态度，才能够真正打动用户。

结合公式+填空式模板，让你可以迁移到任何领域。

例如：卖房子

【固定金句】无复盘，不翻盘

【×月复盘】××的×月复盘

【取得成就】本月完成

1. 读了5本关于家装的书籍，增加了专业知识，能更好给大家建议。

2. 本月打了300通电话，详细给大家讲解了新房装修的避雷要点，帮助大家把钱用到刀刃上，金嗓子喉宝已经成为我的必备品。

3.本月线下拜访客户20个，让我感受到了每个家庭背后的温馨故事。

……

【继续努力】原来一个月可以做这么多事！复盘以后吓一跳，日子真的不能糊里糊涂过，一月一复盘，一年一升级。

★AI快速创作

按照这个模板，可以拆解成两步。

第一步，让AI写金句。

让AI提供金句，直接解决不会写金句的问题。

◎ 提示词

请你提供5句关于复盘的金句

实际创作效果见图1。

请你提供5句关于复盘的金句

以下是5句关于复盘的金句：

1."复盘是成功之路上不可或缺的一环，它让我们从过去汲取经验，为未来铺设道路。"

2."通过复盘，我们能够发现自身的不足，及时调整策略，从而实现持续进步。"

3."复盘不仅是对过去的回顾，更是对未来的预见，它帮助我们以史为鉴，开创未来。"

4."每一次复盘都是一次心灵的觉醒，让我们在反思中成长，在成长中蜕变。"

5."复盘是一种智慧，它让我们在审视过去的同时，更加坚定地迈向未来。"

这些金句强调了复盘的重要性，以及它在个人成长和进步中所扮演的关键角色。

图1

如果不满意，还可以继续让AI提供10个，你选择其中一个最喜欢的再进行优化即可。

第二步，让AI写复盘。

你需要简单罗列一下自己本月的做事清单，然后交给AI来写。

例如：本月做事清单

1.读了关于家装的书籍

2.线上给很多客户打了电话

3. 线下拜访了很多客户

很多人没有写作基础，写的内容像流水账，不够有感染力，如何破解呢？

你观察一下前面的例子，每一条都有数据，并且有成果展示。那么你给AI相关的提示词，它就能给出让你满意的文案。

◎ 优化版提示词

请你修改上述文案

01. 要求加入数据

02. 并说明做这些事情能带来什么成绩

我们来看一下效果，见图2。

> 01. 读了关于家装的书籍
> 02. 线上给很多客户打了电话
> 03. 线下拜访了很多客户
>
> 请你修改上述文案，要求：加入数据，并说明做这些事情能带来什么成绩。

以下是修改后的文案，加入了数据并说明了做这些事情能带来的成绩：

1. 深入研读家装领域专业书籍10本，掌握了家装设计的最新理念和实用技巧，有效提升了设计水平和服务质量，进而增强了客户满意度和业务竞争力。

2. 线上累计拨打客户电话300余次，成功筛选出50位高意向客户，并进行了深入的沟通与交流，为后续的成交奠定了坚实基础。

3. 线下实地拜访客户30家，深入了解客户需求和市场趋势，成功签约10个项目，实现了业绩的显著增长。

通过这些具体而有针对性的努力，不仅提升了个人的专业素养和业务能力，也为公司带来了更多的商机和收入来源。

图2

可以看出，文案立刻变得不一样了。接下来我们只需要根据实际情况，修改数据和一些词语即可，10分钟快速搞定！

只要掌握了写文案的底层逻辑，给对AI提示词，就能产出很好的成交文案。

模板002：最近成就+遇到困难+如何克服+取得成果

★写作公式

最近成就+遇到困难+如何克服+取得成果

★举例说明

【最近成就】真的太开心了，我终于写出了人生第一篇10万+阅读量的文章，一篇稿子赚了3000元稿费，写作小白也能出爆款！

【遇到困难】我本以为写作很简单，真正开始动笔后才发现，自己逻辑混乱、词不达意、句子不顺、内容像流水账。

【如何克服】后来，我对着书中的写作技巧每天练习，但还是没效果，于是我报名了写作训练营，可依旧看不到成绩。我心想可能自己不是这块料，某天正打算放弃的时候，训练营的老师找到我，帮我指出了关键问题。看到希望后，我连夜修改，一直写到次日凌晨2点，早上起来赶紧交稿子。

【取得成果】没想到发出去不到3小时，阅读量就已经破10万了。

名师指路，果然效果不同！

★填空式模板

一句话交代最近取得成绩。我终于＿＿＿＿＿。

为了＿＿＿＿，我做出很大努力＿＿＿＿＿。

本以为＿＿＿＿＿，真正开始写才发现＿＿＿＿＿。

后来，我＿＿＿＿＿，但还是没效果。

于是，我＿＿＿＿，没想到＿＿＿＿（有结果了）。

名师指路，果然效果不同！

★模板解析

1. 人性慕强。我们都喜欢靠近厉害的人，想要从他身上学到知识，并实现知识变现。开头直接说明自己最近拿到了某项大成果，引起读者关注。

2. 紧接着写出你遇到了什么挑战，这种写法就像讲故事，人人都喜欢听故事。

3. 接下来写自己克服困难的过程，这个时候其实就是在植入广告，例如，上面的例子写了"加入了训练营，遇到了一个好老师，才渡过难关"。

这时候，对写作感兴趣的朋友可能就会询问你："是哪个训练营？是哪个老师？"

你便可以很自然地去介绍，无痕成交。

这套文案模板，同样适用于各种领域。

例如：减肥

【最近成就】一个月时间，我瘦了20斤。果然，用对方法，就会有意想不到的惊喜！

【遇到困难】本以为减肥就是加强运动，少吃东西。也就是大家常常说的"管住嘴、迈开腿"。但真正开始减肥才发现，哪有那么简单，不吃东西真的会让大脑缺氧，运动起来也没力气。

【如何克服】后来，我找了很多减肥成功的姐妹请教。尝试了几十种方法，但都没有效果。于是，我找到了专业的健身教练。可是坚持了半个月，一斤肉都没有掉下去，反而重了2斤。我感到很沮丧。正当我灰心丧气的时候，体重突然开始下降了。

【取得成果】原来前面半个月教练都是在帮我重塑身体机能，让我得到一个全新的身体体验。好的教练不是盲目让你运动，而是根据你的身体情况，给你专业的身体调节。这样减肥才能不反弹。

名师指路，果然效果不同！

★AI快速创作

这个文案是以故事的形式展示，你直接给AI输入写故事的方法（最近成就+遇到困难+如何克服+取得成果），就能快速得到一篇很好的文案。

来看一下效果，见图3。

请你写一段关于减肥的文案：
001、第一段写减肥拿到的成绩
002、第二段写减肥过程中遇到的困难
003、第三段写如何克服困难的
004、第四段写最终取得了胜利的结果
005、内容中体现报名了学习了专业课程，得到了名师指导

减肥之路：挑战与胜利并存

001. 在减肥的道路上，我已经取得了显著的成果。曾经臃肿的身材，如今已经变得匀称而健康。体重数字的下降，不仅仅是对外在形象的改变，更是内心自信心的极大提升。这一切，都得益于我报名参加了专业的减肥课程。

002. 然而，减肥的过程并非一帆风顺。在初期，我遇到了诸多困难。饮食的控制让我倍感煎熬，运动的疲惫让我时常想要放弃。每当夜深人静时，我都会问自己："我真的能坚持下去吗？"

003. 为了克服这些困难，我积极寻求帮助。在专业课程中，我学到了科学的减肥方法，了解了如何合理搭配饮食、如何高效地进行运动。同时，名师的指导也给了我巨大的鼓励和支持，让我在减肥的道路上更加坚定。

004. 经过一段时间的努力，我终于取得了胜利的成果。身材的变化让我更加自信，健康的身体让我充满活力。更重要的是，我学会了如何面对挑战、如何克服困难，这将是我人生中宝贵的财富。

005. 回首这段减肥之旅，我深感庆幸。正是因为报名学习了专业课程，得到了名师的指导，我才能顺利走完这段旅程。如果你也正在减肥的道路上徘徊，不妨试试这条科学、专业的减肥之路吧！

图 3

◎ 提示词

请你写一段关于××的文案：

01. 第一段写××领域拿到的成绩（最近成就）

02. 第二段写在其过程中遇到的困难（遇到困难）

03. 第三段写如何克服困难的（如何克服）

04. 第四段写最终取得了胜利的成果（取得成果）

05. 文案中体现报名学习了专业课程，得到了名师指导（植入广告）

我们可以看到，给出故事模板后，AI创作的文案已经相当不错，不再是经常看到特别生硬的文案，在这个基础上还可以继续优化，用前面给到的【填空式模板】，让AI继续优化，会有更多惊喜，效果见图4。

◎ 优化版提示词

01. 有前后的心理反差对比

02. 第二部分用"本以为……真正开始才发现……"的句式

你还可以在这个基础上，加入细节，变成一篇小长文，在各大自媒体平台上发布，宣传自己的故事。

修改上述文案

001. 有前后的心理反差对比
002. 第二部分用"本以为……，真正开始才发现……"的句式

减肥心路历程：从挫败到胜利的华丽转身

001、曾经的我，站在体重秤上，看着那高高的数字，内心充满了挫败感。每次试穿新衣，总是失望而归，那种打击让我一度想要放弃。但如今，当我再次站在体重秤前，看着那令人满意的数字，心中的喜悦难以言表。这种前后的心理反差，让我深刻体会到了减肥的意义。

002、本以为减肥就是简单的节食和运动，真正开始才发现，这是一场身心的较量。节食让我感受到了对美食的渴望，运动让我体会到了身体的疲惫。每一次的坚持都是一次挑战，每一次的失败都让我更加坚定。但正是这些挑战和失败，让我逐渐找到了适合自己的减肥方法。

003、在减肥的过程中，我报名参加了专业的课程，得到了名师的指导。他们教会了我如何科学地安排饮食，如何有效地进行运动。这些知识和技巧，让我在减肥的道路上更加得心应手。

004、经过一段时间的努力，我终于取得了胜利的成果。身材变得更加匀称，心态也变得更加自信。这次减肥的经历，让我深刻体会到了坚持和努力的重要性。我相信，在未来的日子里，我会继续保持这种精神，追求更加健康、更加美好的生活。

图4

模板003：严谨人设+对话故事+再次强调人设

★写作公式

严谨人设+对话故事+再次强调人设

★举例说明

【严谨人设】我的人生不能打折扣，所以做事上就不能打折扣。

【对话故事】昨天出版社编辑对我说："您的新书在设计封面了，即将上架。有没有相关的资料包可以赠送给读者？"

我说："之前没想到这一点，所以没准备资料包。"

编辑说："那就算了，这个影响不大。"

我说："不不不，您给我3天时间，我马上整理一套，不能因为这是小事就算了。"

【再次强调人设】"一个人对待一件事的态度，往往体现了对待所有事的态度。"

这是我一贯的风格，我不太喜欢打折扣。

这里不要紧，打个折扣，那里不要紧，再打个折扣，七七八八下来，就拉开了很大差距。

这也是为什么，很多时候看上去差不多，结果差别这么大的原因。

我的人生不能打折扣！

★填空式模板

我的人生不能打折扣，所以做事上就不能打折扣

某某说：_____

我说：_____

某某说：_____

我说：_____

一个人对待一件事的态度，往往体现了对待所有事的态度。

这是我一贯的风格，我不太喜欢打折扣。

这里不要紧，打个折扣，那里不要紧，再打个折扣，七七八八下来，就拉开了很大差距。

这也是为什么，很多时候看上去差不多，结果差别这么大的原因。

我的人生不能打折扣！

★模板解析

1. 这个模板看上去没有在销售产品，但实际上是一种很强的营销方式，中间的对话，就是在说产品。我和出版社编辑的对话，是在宣传我的新书，此刻已经埋下伏笔，引导大家关注我的新书，并告诉读者有资料包可以领取，进一步埋伏笔。

2. 不仅做了营销，还在前后植入了我的人设。体现了我是一个做事严谨的人，从不会偷工减料。所以客户来找我时，可以尽管放心，我会用心交付。

3. 人人都喜欢和靠谱的人在一起做事。让大家觉得放心、安心，才容易成交。

举例：卖保险

【严谨人设】我的人生不能打折扣，所以做事上就不能打折扣。

【对话故事】有个客户说："昨天签的保险单子是5123元，但是今天回来我看到卡上扣了5125元，多扣了2元。是不是手续费？"

我说："不存在手续费，我来捋一下单子，因为内容较长，我可能要看3个小时左右，才能给你答复，你耐心等一下。"

客户说："为了2块钱，让你查3个小时，不值得，算了。"

我说："不不不，1分钱我也得搞清楚，这样才能对得起你的信任。"

【再次强调人设】一个人对待一件事的态度，往往体现了对待所有事的态度。

这是我一贯的风格，我做事从不打折扣。

用心服务每一位相信我的朋友。

★AI快速创作

这个文案公式主要是强调靠谱的人设，卖点是"安心"，看似是完成了微不足道的"小事"，但取得了客户的信任。我们可以借用生活中的小故事，多维度呈现自己靠谱的人设。很多人一下子想不到如何体现，这时候可以借助AI来快速完成。

1. 人设体现。

◎ 提示词

请你写出关于"靠谱人设"的形容词。

01.请你写出哪些方面的品质，还可以体现靠谱的人设

02.请你写出5个

这时候，AI可以快速给你提供灵感，效果见图5。

不打折扣，严谨的做事态度，可以体现靠谱的人设。请你写出哪些方面的品质，还可以体现靠谱的人设？写出5个。

不打折扣、严谨的做事态度确实是体现靠谱人设的重要方面。除此之外，还有以下五个方面的品质同样能够彰显一个人的靠谱形象：

1. 守信践诺：言出必行，承诺的事情必定做到。这种信守承诺的品质让人信赖，是靠谱人设的重要体现。

2. 细致周到：在处理事务时考虑周全，注重细节，不遗漏任何可能影响结果的环节。这种细致入微的态度让人感到安心。

3. 责任心强：对自己的工作或承担的任务抱有强烈的责任感，不推诿、不懈怠，即使面临困难也能坚持到底。

4. 沟通有效：能够清晰、准确地传达自己的想法和意图，同时善于倾听他人的意见，形成有效的沟通。这种沟通能力有助于建立互信关系，展现靠谱形象。

5. 持续学习：保持对新知识、新技能的好奇心和求知欲，不断提升自己的能力和素养。这种持续学习的习惯让人看到其进步潜力，从而更加信赖其靠谱性。

图5

2. 让AI写关于某个品质的金句。

AI给了5个参考词语：守信践诺、细致周到、责任心强、沟通有效、持续学习。

你可以选取一个最符合自己人设，且最想给读者呈现的形象，交给AI来写相关的金句。方法简单，先把原文案发给AI，让它来学习，并进行模仿式创作，效果见图6。

◎ 提示词

01. 请你学习下方文案风格（学习）

02. 并参考这种形式，写一篇关于"细致周到"的文案（模仿）

请你学习下方文案的风格，并参考这种形式，写一篇关于"细致周到"的文案。

原文案：

一个人对待一件事的态度，往往体现了对待所有事的态度。

这是我一贯的风格，我不太喜欢打折扣。这里不要紧，打个折扣，哪里不要紧，再打个折扣，七七八八下来，就拉开了很大差距。

这也是为什么，很多时候看上去差不多，结果差别这么大的原因。我的人生不能打折扣！

一个人展现出的细致周到，往往映射出其生活的方方面面。

我始终秉持这种态度，对每一件事都力求完美。这一点点细节，看似微不足道，却构成了成功的基石。忽略了一个细节，可能就错过了一个机会，甚至导致整个局面的失衡。

正因如此，我们常常看到，表面相似的两个选择，最终的结局却大相径庭。细节决定成败，而我对细节的执着追求，正是我走向成功的关键。

我的人生，由无数个细节编织而成，每一个细节都不容忽视！

图6

让AI先学习范文，再进行创作，这样AI写出来的文案效果很不错，不会胡乱拼凑，也不会过于机械化。用这样的方法，可以复制出很多"靠谱的故事"。

模板004：起点很低+决心改变+努力过程+拿到结果

★写作公式

起点很低+决心改变+努力过程+拿到结果

★举例说明

【起点很低】家里条件不好，我初中毕业就出来打工了，因为年纪小又什么也不懂，被人欺负是家常便饭。

【决心改变】吃了很多苦头之后，我发现自己蛮干根本不行，必须有一技之长，才能立足。有一次，被人指着鼻子说："你一个没上过学的人，懂什么啊？只能做点打杂的活。"

那一刻，我决心给自己改命，我相信命运掌握在自己手里。

【努力过程】于是，我发奋图强，更加卖力地工作。上班时，脏活、累活抢着干，从不嫌麻烦，任何一件小事都认真对待；下班后，去参加进修班，提升办公软件使用方面的技能。我的生活很枯燥，从不和别人聊天，除了上班就是学习，大家都说我是一个怪物，但是我知道自己在做什么。

【拿到结果】功夫不负有心人，短短一年时间，我的进步飞快，办公软件应用驾轻就熟，有一次公司遇到紧急事件，很多人处理不了，我自告奋勇，顺利解决了大家问题。就是这次机会，让领导看到了我的能力。之后，我从一个小小的打杂工转正成为正式员工，现在已经是一个部门的负责人了。再也没有人敢指着我以及我身边同事们的鼻子，嘲笑我们了。

这段时间，我又带着团队研发了新产品，解决××问题，希望能帮助千千万万像我这样的人，不要再被××问题折磨，欢迎大家来体验。

★填空式模板

我起初_____，因为_____。

吃了很多苦头之后，我发现_____，必须_____，才能立足。

有一次_____。那一刻，我决心改变_____。

短短一年的时间，很快学会了_____。

从_____，到_____，再到_____。

这段时间，我又研发了_____，希望能帮助千千万万像我这样，欢迎大家来体验。

★模板解析

1. 人人都喜欢听逆袭的故事，千百年没变过。这套公式，能够复制出多个逆袭的励志故事来。你可以仔细梳理一下，你经历过哪些难熬的时刻，做出了什么成果。这些宝贵的经历，就是你的人生剧本。

2. 大部分人都是普通人，都渴望通过自己的努力，创造一个绝地反击的故事。如果用户能从你身上看到这种力量，就会喜欢你，你推荐的产品，也会自带力量。

3. 好产品到处都有，你的故事独一无二。好产品+好故事，帮你10倍提升成交率。

迅速构建一个引人入胜的产品故事，可以在短时间内吸引潜在客户的注意力。无论是线上社交媒体，还是线下演讲、活动现场，这个模板都能适用，帮你提高营销效果。

★AI快速创作

我在带学员套用这个模板的时候，发现很多人一时想不起来"起点很低"的场景，即便有模板，也不知道写什么。后来，我通过一些提问后，发现大家很快就有灵感了，把这些提问带入AI，同样可以帮助你。

1. 有效提问，激活灵感。

◎ 提示词

01. 请你列举5个起点很低的场景

02. 请再给出几个起点很低的职业例子

03. 请你列举5个人生很低迷的状态

这时候，AI可以快速给你提供灵感，效果见图7～图9。

请你例举5个起点很低的场景

当然可以，以下是五个起点很低的场景示例：

1. 农村出身，渴望知识：
   他出生在一个偏远的农村家庭，父母都是辛勤的农民。由于家庭经济条件有限，他从小就没有机会接受正规的教育。然而，对知识的渴望驱使他利用一切可以利用的时间自学，最终通过不懈的努力考入了大学。

2. 单亲家庭，克服困难：
   她成长在一个单亲家庭，母亲独自抚养她长大。由于缺乏父爱和稳定的经济来源，她从小就面临着许多生活上的困难。但她从未放弃，凭借着坚强的意志和乐观的态度，最终成为了一名成功的企业家。

3. 残疾青年，追求梦想：
   他是一位残疾青年，从小就因为身体的缺陷而受到嘲笑和歧视。但他并没有向命运低头，而是坚定地追求自己的梦想。通过不断的努力和学习，他最终成为了一名优秀的画家，用自己的才华赢得了人们的尊重。

4. 失业中年，重拾信心：
   在中年时期，他突然失去了工作，家庭陷入了困境。面对生活的压力和妻子的抱怨，他一度失去了信心。但在亲朋好友的鼓励下，他重新振作起来，开始学习新的技能，并最终找到了一份满意的工作。

5. 贫困山区，立志改变：
   她来自一个贫困的山区，那里的教育资源匮乏，很多孩子都早早辍学打工。但她从小就立志要通过自己的努力改变自己和家乡的命运。她努力学习，最终考上了大学，并选择回到家乡从事教育工作，帮助更多的孩子走出大山。

图 7

请再给出几个起点很低的职业例子

当然可以，以下是几个起点很低的职业例子：

1. 清洁工：
   清洁工通常来自经济条件较差的家庭，他们可能没有受过高等教育或拥有专业技能。然而，通过辛勤的劳动和付出，他们为城市的整洁和美丽做出了重要贡献。

2. 搬运工：
   搬运工往往从事体力劳动，起点较低。他们可能来自农村或城市低收入家庭，缺乏教育和技能。然而，他们的辛勤工作对于物流和运输行业的正常运转至关重要。

3. 服务员：
   服务员是许多餐厅和酒店的基础岗位，起点相对较低。他们可能没有受过高等教育，但通过良好的服务态度和专业技能，他们可以为客户提供优质的服务体验。

4. 学徒工：
   学徒工通常是在某个行业或职业中刚开始学习的年轻人。他们可能没有太多的工作经验和技能，但通过师傅的指导和自己的努力，他们可以逐渐成长为熟练的工人或专业人士。

5. 街头小贩：
   街头小贩通常来自社会底层，他们可能没有固定的住所和稳定的收入来源。然而，通过售卖小商品或提供简单服务，他们可以维持生计并实现自我价值。

这些职业虽然起点较低，但并不意味着没有发展前景。许多人在这些岗位上积累了丰富的经验和技能，最终实现了职业上的晋升和成功。

图8

请你例举5个人生很低迷的状态

以下是五个人生很低迷的状态示例：

1. 失业且经济困难：
   一个人突然失去了工作，家庭经济来源中断，生活陷入困境。他们可能感到无助、焦虑和绝望，不知道如何度过这段艰难时期。

2. 健康状况恶化：
   当一个人遭遇严重的健康问题，如慢性疾病、重大手术或长期残疾时，他们的生活可能会陷入低迷。这不仅影响他们的身体健康，还可能导致心理压力、社交障碍和经济负担。

3. 人际关系破裂：
   亲密关系的破裂，如离婚、分手或家庭成员间的疏远，可能会让人感到孤独、沮丧和无助。这种状态可能使人失去生活的方向和意义。

4. 职业发展停滞：
   当一个人在职业生涯中遇到瓶颈，晋升机会渺茫，工作满意度低下时，他们可能会感到迷茫和沮丧。这种状态可能导致对工作的热情丧失，甚至产生职业倦怠。

5. 心理受创：
   经历创伤性事件，如亲人去世、自然灾害、暴力事件等，可能会对一个人的心理健康造成严重影响。这些事件可能导致创伤后应激障碍（PTSD）、抑郁症、焦虑症等心理问题，使人陷入低迷状态。

在这些低迷状态下，人们可能需要寻求专业的帮助和支持，如心理咨询、职业规划或医疗治疗，以帮助他们走出困境，重拾生活的信心和希望。

图9

通过一些关键词，能帮助我们带入某个场景，想到生活中的一些经历，大部分人不缺素材，缺灵感。

2.写过程，补充细节。

紧接着补充努力的过程，如果细节想不起来，可以尝试用以下提示词。

◎ 优化版提示词

01.给出5个努力过程很艰辛的例子（联想）

02.描述人物在努力过程中的心理状态（人物心理状态细节描写）

03.××岗位努力中常见的失败原因有哪些（常见难题，引发共鸣）

先写例子，再描述心理状态，文案就会变得生动，见图10。

> 给出5个努力过程很艰辛的例子

以下是五个努力过程很艰辛的例子：

1. 科研之路：
   科研工作者在追求科学真理的过程中，往往需要经历无数次的失败和实验。他们日夜兼程地工作，反复推敲理论，进行复杂的实验操作，甚至冒着生命危险进行某些高风险研究。尽管过程艰辛，但正是这种坚持不懈的努力，最终推动了科学的进步。

2. 运动员训练：
   运动员为了在比赛中取得好成绩，需要经历长期而艰苦的训练。他们每天起早贪黑，进行高强度的身体锻炼和技能训练，忍受着伤病的折磨和心理的压力。每一次的进步都凝聚着汗水和泪水，但他们从未放弃对梦想的追求。

3. 创业者奋斗：
   创业者从零开始，面临着资金短缺、市场竞争激烈、团队协作困难等诸多挑战。他们需要不断寻找商机、筹集资金、拓展市场，同时还要处理各种突发事件和危机。在这个过程中，创业者需要付出巨大的努力和心血，才能逐渐在市场上站稳脚跟。

4. 艺术创作：
   艺术家在创作过程中，往往需要经历长时间的孤独和煎熬。他们需要不断挖掘内心的情感和灵感，通过反复的尝试和修改来完善作品。在这个过程中，艺术家可能会遭遇创作瓶颈、情感困扰甚至精神压力，但正是这种对艺术的执着追求，让他们创作出了无数令人赞叹的作品。

5. 学习与备考：
   学生在备战重要考试时，需要经历长时间的刻苦学习和备考。他们需要掌握大量的知识和技能，同时还要应对各种模拟考试和评估的压力。在这个过程中，学生需要克服疲劳、焦虑和厌倦等情绪，坚持不懈地努力，才能最终取得优异的成绩。

图 10

模板005：长期稳定+被动改变+获得成长+总结经验

★写作公式

长期稳定+被动改变+获得成长+总结经验

★举例说明

【长期稳定】成为妈妈后，我全身心投入家庭和孩子的抚养中，日常生活虽忙碌却也充满了简单的幸福。

【被动改变】直到孩子渐渐长大，我开始感受到我已经辅导不了孩子了，孩子也不愿意和我交流，让我很有挫败感。长时间的居家生活，我发现自己与外界的脱节，这让我意识到需要重新连接社会。

【获得成长】我开始利用孩子上学的时间，重新捡起书本，学习新知识，并开始了自由职业的尝试，逐渐地找回了原来的自己，还赚到了比上班更多的钱。

【总结经验】这段经历，我深刻认识到，无论身处何种角色，个人的成长和追求同样重要。宝妈的身份不是停止进步的借口，而是激励我探索新可能的动力。

如果你也想要一份自由职业，兼顾孩子和赚钱，欢迎加入我们。

★填空式模板

_____后，我稳定地做着_____。

直到_____，我意识_____。

我开始觉醒_____。

回顾这段经历，我深刻认识到_____。

如果你也想要_____，欢迎加入我们。

★模板解析

1. 通过描述一个特定群体的长期稳定状态，以及随后因某个事件触发重大转折，被迫做出的改变，触动了目标受众的情感。这种情感共鸣有助于建立与目标受众的紧密联系。

2. 在快节奏时代，"被动改变"是一个普遍存在的问题。直接点出来，有助于引起受众的注意和思考，从而来找你咨询。

3. 很多人不是不想改变，而是害怕改变，怕自己努力一场拿不到结果，反而被人嘲笑。你讲述自己不害怕改变，敢于尝试新事物，最终得到了好结果，便会给人希望，激励他人也去尝试。即便当下没有产生交易，也为促成未来成交埋下了伏笔。

★AI快速创作

先定位群体，再写这个群体长期的状态，以及可能会出现的问题，最后进行总结。

◎ 提示词

01. 角色定位：你现在是一名家庭主妇/全职妈妈/职场人士/学生……

02. 长期状态：长期投入……（如家庭、工作、学业）

03. 被动改变触发点：发现自己……（如技能落后、社交减少、视野狭窄）

04. 获得成长过程：开始学习/尝试……（如新技能、新知识）

05. 总结经验与启示：深刻认识到……（如个人成长的重要性、追求梦想的勇气）

请你按照这个故事模式，写一个500字的文案。

在AI提供的文案中，结合自身情况进行修改，植入广告。一篇文案很快就完成了，见图11。

01.角色定位：你现在是一名文案创作者
02.长期状态：长期投入工作，有着稳定的收入
03.被动改变触点：但是面临公司裁员，有了危机感，发现自己技能落后，也没有副业
04.获得成长过程：开始学习新知识
05.总结经验与启示：深刻认识到不同圈子带来的灵感，多一份副业的重要性
请你按照这个故事模式，写一个500字的文案。

危机中的转机

曾经的我，像一只陀螺般在职场中旋转，稳定却也单调。每天重复着相同的工作，收入虽稳，但内心却渐渐失去了波澜。直到那个突如其来的裁员通知，像一记重锤，敲醒了我沉睡的危机意识。

我突然意识到，自己就像是一艘没有桨的船，随时可能被时代的洪流冲走。技能的落后，副业的缺失，让我在这场职场的风暴中显得如此脆弱。

然而，生活总是充满了转机。裁员的风波让我开始反思，也让我迈出了学习新知识的步伐。我报名参加了各种课程，阅读了大量的书籍，努力提升自己的竞争力。在这个过程中，我接触到了不同的圈子，结识了来自各行各业的朋友。

这些新圈子和新朋友为我带来了前所未有的灵感。他们的故事、他们的经验，让我看到了生活的多样性和无限可能。我开始意识到，副业不仅仅是为了增加收入，更是一种自我提升和多元化的途径。

如今，我已经在副业的道路上初见成效，而这一切都源于那次裁员的危机感。它让我学会了如何在逆境中寻找机会，如何在挑战中实现成长。

回首这段经历，我深刻体会到：生活总是充满了变数，但只要我们保持敏锐的洞察力，勇于面对挑战，就一定能在危机中找到转机，实现自我价值的提升。

图 11

模板006：社会现象+联想自身+受到启发+总结经验

★写作公式

社会现象+联想自身+受到启发+总结经验

★举例说明

【社会现象】今天，一篇关于"35岁职场危机"的文章在网络上引发了热议，揭露了中年职场人士面临的残酷现实。

【联想自身】这篇文章像一记重锤击中了我，因为我自己就站在这个尴尬的年龄节点上，每日重复着毫无激情的工作，职业发展陷入僵局。领导总说我效率太低，随时可能面临裁员的危机。

【受到启发】文章中那些敢于在35岁重启人生、勇敢跳槽甚至创业的案例，让我看到了另一种可能，像一剂强心针，唤醒了我内心深处的渴望。我梳理了自身存在的问题，然后一点点去寻找解决方案，我发现自己效率不高，有一大半原因是不接受新事物，现在还不懂用AI辅助办公。

【总结经验】我们必须正视，职场上的安逸往往是最大的陷阱。要敢于跳出舒适区，尤其是现在大家都在学习AI了，我还在自己闷头苦思，这已经不是耽误效率的问题，而是直接会被淘汰。

★填空式模板

今天，一篇关于_____引起大家热议，揭露了_____。

这让我回想起_____，因为我曾_____。

那些敢于_____让我深受触动，唤醒了我_____。

我们必须正视_____问题，跳出舒适区。否则会_____。

★模板解析

1. 通过描述一个普遍存在的社会现象，能够迅速引起目标受众的共鸣。这种共鸣有助于建立信任和亲近感，使受众更容易接受后续的信息和建议。

2. 接着，通过"联想自身"的环节，将社会现象与个人经历相结合，使内容更加真实可信，也在立人设。让读者通过你的故事，看到自己的影子，从而产生共鸣，让文案更有"人味"。

3. 既然遇到问题了，就要为受众提供了具体的行动建议和方向，这时候就能丝滑地带入产品宣传。

4. 你仔细观察就会发现，很多平台的爆款文案，都是这样的一套模板，从热点事件入手，结合自身经历带入思考，提炼观点，再丝滑地植入产品。

★AI快速创作

我带学员写出很多爆款，大多数时候也是靠这一套热点解读，屡试不爽，超级好用。但是很多人看完热点，还是不知道写什么，我总结了一套很好用提示词，结构如下。

◎ 提示词

01.请你提供5个××领域的热议话题

02.指出××话题揭露了什么/背后反映了什么本质

03.对我们生活有什么影响

04.我们应该提前做哪些准备

以职场领域为例，生成效果见图12，可以看出，按照这些提示词，AI给出的内容确实是大家普遍关心的话题。

01.请你提供5个职场热议话题
02.并指出这些话题揭露了什么
03.对我们生活有什么影响
04.我们应该提前做哪些准备

01. 职场热议话题

1. 远程工作的利与弊：随着技术的发展，越来越多的公司允许员工远程工作。这一变化引发了关于工作效率、团队协作和个人职业发展的广泛讨论。

2. 职场性别平等：性别平等一直是职场中的重要议题。近年来，关于薪酬差距、晋升机会和性别歧视的讨论愈演愈烈。

3. 技能更新与终身学习：在快速变化的工作环境中，持续学习和技能更新变得至关重要。这一话题探讨了如何保持竞争力和适应新技术的能力。

4. 工作与生活的平衡：如何在繁忙的工作和个人生活之间找到平衡，一直是职场人士关注的焦点。

5. 企业文化的重塑：随着新一代员工进入职场，传统的企业文化面临挑战。如何塑造一个包容、创新和高效的工作环境成为热议话题。

02. 揭露的问题

1. 远程工作：揭露了管理挑战、沟通障碍和员工自律问题。

2. 职场性别平等：揭露了薪酬不公、晋升机会不均和性别歧视等问题。

3. 技能更新与终身学习：揭露了知识更新速度慢、传统技能适应不足等问题。

4. 工作与生活的平衡：揭露了现代职场人工作压力大、生活节奏快和心理健康问题。

5. 企业文化的重塑：揭露了传统企业文化与新一代员工价值观的冲突。

图12

这里截取了其中的一个片段，你可以把这些提示词，一条一条地投喂给AI，这样AI回答的内容会更加详细。

在此基础上，再去套用前面的填空模板，就能快速搞定一篇文案。如果想植入产品，可以直接让AI按照以下提示词进行优化。

◎ 优化版提示词

请你在上述文案的基础上进行优化：

01. 在文案中植入××产品（具体产品）

02. 说明产品能解决什么问题（具体问题）

03. 要带入具体的场景说明产品的好处（具体场景）

模板007：挑战认知+个人见证+行动方案+共鸣结语

★写作公式

挑战认知+个人见证+行动方案+共鸣结语

★举例说明

【挑战认知】大家都说失败是成功之母，但一再的失败，真的值得骄傲吗？

【个人见证】我曾三次创业失败，每次跌倒都痛彻心扉，我几乎失去了一切，包括存款、信心，甚至是朋友。

【行动方案】在绝望的边缘，我决定不再盲目冲刺，而是开始深入市场调研，与客户进行灵魂对话，真正理解他们的有效需求，重构我的商业逻辑。 我发现大部分创业者卡在了××这个环节。

【共鸣结语】失败不是成功的垫脚石，而是自我反思的契机。只有敢于面对失败，解剖自我，才能从失败的灰烬中，涅槃重生。

我把自己创业的经历、总结的经验，以及避坑指南，全部总结到了这个小册子里，送给正在创业中迷茫的同行者，希望能够帮大家解决商业模型搭建，少走弯路。

★填空式模板

大家都说"＿＿＿＿"，但＿＿＿＿？

我曾_____，每次_____，但是_____。

在_____之后，我决定_____，开始_____。

_____不是，而是_____。

只有_____，才能____。

我把_____全部总结到了这个小册子里，送给_____，希望能够帮大家解决问题，少走弯路。

★模板解析

1. 文案以挑战普遍认知的方式开篇，激发读者的好奇心和思考。反常识的观点能引起读者好奇心，想要看下去。

2. 通过分享个人经历，尤其是大众普遍的情感体验，如失败、迷茫或挑战时，会产生共鸣，且让读者感受到你的不易，愿意支持你。

3. 提供自己改变的方法，通过转机给读者带来启发。让读者看到了解决问题的途径。

4. 以前后反差的故事调动读者情绪，顺便植入了产品。让有需要的用户来主动找你。

5. 在自媒体平台上，很多牛人都在讲自己创业的故事，感动了无数粉丝，并植入了自己的产品。

★AI快速创作

写这类文案，要有生动的故事性，有困境、有反思、有转变，最后总结方法。

◎ 提示词

根据前面的写作公式，可以分解成具体的提示词。如下：

01. 请你提供5个××领域反常识的点

02. 请你写出过程中的失败经历（三次失败）

03. 写出失败会带来哪些损失（例如：存款、信心、朋友）

04. 写出绝望中的转变（例如：市场调研、客户对话）

05. 失败的意义（例如：自我反思、涅槃重生）

06. 写出转变与成长（例如：新的方法、心态调整）

这样一套提示词下来，文案就会变得很生动。以减肥为例子，写一篇文案，效果见图13。

请你写一篇关于减肥的文案。

01.请你写出减肥过程中反常识的点
02.请你写出过程中的失败经历（三次失败）
03.写出失败会带来哪些损失（例如：钱、信心、朋友）
04.写出绝望中的转变（例如：市场调研、客户对话）
05.失败的意义（例如：自我反思、涅槃重生）
06.写出转变与成长（例如：新的方法、心态调整）
07.总结的经验和方法

文案控制在500字

减肥路上的反思与成长

减肥，听起来简单，做起来却充满挑战。很多人误以为减肥就是节食和拼命运动，但事实并非如此。

我曾三次尝试减肥，每次都以失败告终。第一次，我盲目跟风买了昂贵的减肥药，结果不仅没瘦，还落下了胃病。第二次，我尝试了极低热量的饮食，虽然短期内体重下降，但很快反弹，还影响了月经周期。第三次，我报名了健身房，但因工作繁忙无法坚持，最终半途而废。

这些失败不仅让我损失了健康、时间和金钱，更重要的是打击了我的信心。我开始怀疑自己，甚至感到自卑和沮丧。朋友们的聚会我也常常找借口推脱，生怕被问起体重。

就在我几乎绝望的时候，我开始反思自己的减肥方法。我阅读了大量关于健康饮食和运动的书籍，咨询了专业的营养师和健身教练。我意识到，减肥不是短期的目标，而是一种生活方式的改变。

失败让我学会了自我反思，也让我更加珍惜自己的身体。我开始尝试新的减肥方法，注重饮食均衡和适量运动。同时，我也调整了自己的心态，不再急于求成，而是享受每一个健康的生活瞬间。

总结我的经验，减肥最重要的是找到适合自己的方法，并持之以恒。不要被短期的效果所迷惑，要有耐心和毅力。只有这样，才能真正实现健康的生活方式，迎接更好的自己。

图 13

模板008：现实冲击+心灵对话+策略转变+深刻体验+未来展望

★写作公式

现实冲击+心灵对话+策略转变+深刻体验+未来展望

★举例说明

【现实冲击】在这个远程办公逐渐普及的时代，我们的生活迎来了前所未有的变革。曾经固定的办公桌和朝九晚五的生活模式被打破，取而代之的是更加灵活和自由的生活方式。

【心灵对话】我以前经常不能按时下班，惧怕临时有工作需要加班，而且外出办事，也会经常提心吊胆，怕客户突然要方案，真是身心俱疲。直到远程办公模式出现，让我的生活发生了质的改变。我发现，原来生活可以不必如此匆忙，我只要远程操作电脑，就可以很快搞定。

【策略转变】在这个新的生活模式下，我开始学会如何合理安排时间，如何在工作和生活中找到平衡点。让我自己不再活得小心翼翼，也让工作变得更加高效。

【深刻体验】远程办公让我可以在完成工作任务的同时，照顾到家庭的需求，也可以在随时在线上协作办公，不怕突然而来的紧急任务。这种生活方式让我更加充实，也更有幸福感。

【未来展望】我相信，随着科技的不断进步和社会观念的转变，远程办公将会成为更多人的选择。它不仅让我们工作更灵活，也改变了我们传统的生活方式。最近用的这款××远程办公软件，真的是职场人的必备神器。

★填空式模板

在这个_____逐渐普及的时代，曾经_____被打破，取而代之的是_____。

我曾在____，每天为了____而奔波劳碌。直到____出现，让我有了____机会。

在新的生活模式下，我开始学会_____。我开始尝试在_____。

让我体验到了生活的_____，这种生活方式让我更加_____。

我相信，随着_____的转变，将会成为更多人的选择_____。

★模板解析

1. 开头直接点出现实生活的冲击，时代变革给我们带来的影响，快速引起大众注意，也为后面植入产品做铺垫。

2. 描写以前的生活方式，你遇到的实际情况，用内心独白的方式写出来，引起大家的共鸣。毕竟，一个人的状态，就是一群人的缩影。

3. 紧接着描述现在的改变给你带来的好处，尤其是便捷性和效率的提升，在这种对比之下，很容易让用户联想自身，想要获得你拥有的方式。

4. 最后再描述这是一种未来发展趋势，不如早入手，趁早享受红利，很容易促进用户下单。

5. 按照这个结构写下来，文末再去推荐产品，就会变得更加有说服力。

★AI快速创作

这套模板，主要采用的是对比形式，这也是写文案最常用的方法，掌握了这些技巧，AI就能写出有血有肉的文案来。

◎ 提示词

01. 请你以××产品带来的生活变化为主题写一篇文案

02. 描写××变革对现实生活带来的冲击

03. 描写××产品会对人们带来什么明显便利性

04. 采用"之前/之后"的对比形式来写

05. 最后描写一下未来展望

01.请你以AI带来的生活变化为主题写一篇文案
02.描写AI技术对现实生活带来的冲击
03.会对人们带来什么明显便利性
04.采用对比形式来写
05.最后描写一下未来展望

01. AI带来的生活变化

AI：重塑生活的未来力量

在科技的浪潮中，AI正如春潮带雨，悄然改变着我们的世界。它不再仅仅是科幻电影中的概念，而是已经渗透到我们生活的方方面面，带来了前所未有的变革。

02. 对现实生活带来的冲击

生活的重塑与挑战

AI技术的迅猛发展，如同一股强大的洪流，冲击着传统的社会结构和职业分工。曾经稳定的工作岗位因为AI的高效和低成本而岌岌可危，许多人面临着重新择业和学习的压力。然而，这种冲击并非全然的破坏，它也在催生新的机遇和可能性。

03. 会对人们带来什么明显便利性

生活的便捷与高效

尽管AI带来了挑战，但它也为我们带来了前所未有的便利性。在日常生活中，AI助手可以管理我们的日程、提醒重要事项，甚至为我们提供个性化的建议。智能家居系统通过AI技术自动调节环境，让我们的生活更加舒适和安全。在医疗领域，AI分析帮助医生更准确地诊断疾病；在教育领域，AI辅导让学生更有效地学习。

04. 采用对比形式来写

过去与现在的鲜明对比

在AI技术普及之前，我们的生活充满了繁琐和低效。每天需要花费大量时间和精力去完成各种琐碎的任务，生活节奏紧张而疲惫。然而，随着AI技术的应用，我们的生活发生了翻天覆地的变化。曾经繁琐的工作被AI轻松取代，取而代之的是更加便捷和高效的生活方式。

05. 最后描写一下未来展望

未来的无限可能

图 14

如图14这样的文案已经给出了基本框架，但是"AI味"太重了。吸引人且有"人味"的文案，一般都使用了人称代词（如：你、我、他），这样可以第一时间拉近和用户之间的距离。运用这个技巧，可以提炼出AI提示词模板，让文案变得更生动。

◎ **优化版提示词**

请你优化上述文案。

01. 以第一人称的口吻来描述

02. 加入人物的心灵对话

> 请你优化上述文案。
> 01.以第一人称的口吻来描述
> 02.加入人物的心灵对话

01. AI带来的生活变化

我与AI：共同重塑生活的未来

站在科技的十字路口，我深感AI正如一股温暖的春风，悄然改变着我的世界。它不再仅仅是屏幕上的代码，而是已经融入我的日常生活，带来了前所未有的体验。

02. 对现实生活带来的冲击

心灵的震荡与成长

AI技术的迅猛发展，如同一场突如其来的暴风雨，冲击着我曾经稳定的生活。我曾以为自己会在熟悉的岗位上安稳度过一生，但AI的高效和低成本让这一切变得不确定。我在深夜里反复思考，是否需要重新择业和学习。然而，这种冲击也唤醒了我内心深处的勇气和求知欲，让我看到了新的机遇和可能性。

03. 会对人们带来什么明显便利性

生活的便捷与内心的宁静

尽管AI带来了挑战，但它也为我带来了前所未有的便利性。每天早晨，我的AI助手会准时提醒我日程安排，帮我规划一天的工作和生活。智能家居系统通过AI技术自动调节室内温度和光线，让我在忙碌的工作中也能感受到家的温暖和舒适。在医疗领域，AI分析帮助医生更准确地诊断疾病，让我对健康有了更多的信心。

04. 采用对比形式来写

过去与现在的鲜明对比

回想起没有AI的日子，我每天都在繁琐和低效中挣扎。大量的时间和精力被消耗在重复性的任务上，生活节奏紧张而疲惫。然而，现在的生活发生了翻天覆地的变化。AI轻松取代了那些繁琐的工作，让我有更多的时间和精力去追求自己的兴趣和梦想。

05. 最后描写一下未来展望

未来的无限可能与期待

展望未来，我深信AI技术将会继续飞速发展，为我的生活带来更多的惊喜和变革。随着技术的不断进步，AI将会变得更加智能和高效，能够处理更加复杂和多样化的任务。我期待着AI在更多领域的应用，从医疗、教育到交通、娱乐等各个方面，AI都将发挥重要作用。我的生活将会变得更加智能化和便捷，生活质量也将大大提高。

图 15

通过带入第一人称，文案立刻变得不一样了，见图15。结合前面的公式，加上自己平时说话的语气，进行适当修改即可。

模板009：自身弱点+受到刺激+做出改变+总结经验

★写作公式

自身弱点+受到刺激+做出改变+总结经验

★举例说明

【自身弱点】我曾是一个害怕在公众前演讲的人，每次上台前都会紧张到胃疼。

【受到刺激】直到一次重要的会议，我因为过度紧张而表现糟糕，失去了晋升的机会。

【做出改变】我意识到不能再让"社交恐惧"控制我的生活，于是报名参加了演讲培训课程，并开始在小场合练习。

【总结经验】我终于明白，面对"社交恐惧"的唯一方法就是正视它。通过不断练习和准备，我变得更加自信，也学会了如何在压力下保持冷静。

★填空式模板

我曾是一个_____的人，每次_____都会_____。

直到_____，我因为_____而_____。

我意识到不能再让_____，于是_____，并开始_____。

我终于明白，面对_____的方法就是_____。

通过_____，我变得更加_____，也学会了_____。

★模板解析

1. 开篇坦白说自己不擅长的点，紧接着介绍由此触发的关键事件，这个事件促使你开始反思和改变，紧接着写"做出改变"的部分，鼓励读者采取行动，有很强的行动导向性，适合用于营销和激励类文案。

2. 可以只写个人故事，也可以在改变的环节植入产品。

3. 据产品或服务的特点，定制化地填充模板中的空白部分，使其与目标受众的需求和痛点紧密结合。

例如，如果推广一款时间的产品，可以将"害怕在公众前演讲"替换为"拖延症"。

举个例子：

【自身弱点】我曾是一个拖延症严重的人，每次临近截止日期都会感到焦虑。

【受到刺激】直到一次重要的项目，因为我的拖延而错过了最佳时机，导致项目失败。

【做出改变】我意识到不能再让拖延控制我的生活，于是开始使用一款时间管理工具（这里可以植入产品），并制定了详细的工作计划。

【总结经验】我终于明白，面对拖延的唯一方法就是制定明确的目标和计划。通过使用这款时间管理工具，我变得更加高效，也学会了如何在压力下保持冷静和专注。

通过这种方式，文案不仅能够引起读者的共鸣，还能有效地推广产品或服务，达到营销的目的。

★AI快速创作

直接让AI套入上述写作公式+填空式模板即可。

以一个读书APP营销文案为例，效果见图16：

◎ 提示词

01. 请你按照"自身弱点+受到刺激+做出改变+总结经验"的写作公式写一篇关于××产品的推荐

02. 先点出曾经遇到的苦难或者挑战，让读者有共鸣

03. 紧接着用直到遇到＿＿＿＿，我做出＿＿＿改变的句式来写文案

> 01.请你按照"自身弱点+受到刺激+做出改变+总结经验"的写作公式写一篇关于读书APP的推荐
> 02.先点出曾是遇到的苦难或者挑战，让读者又共鸣
> 03.紧接着用"直到遇到_____，我做出____改变"的句式来写文案

01. 按照"自身弱点+受到刺激+做出改变+总结经验"的写作公式写一篇关于读书APP的推荐

自身弱点

我一直觉得自己的阅读速度很慢，而且很难集中注意力。每次想要静下心来读一本书，总是会被各种干扰打断，导致阅读效率低下。久而久之，我对阅读失去了兴趣，甚至有些抗拒。

受到刺激

直到有一天，我参加了一个读书会，听到一位朋友分享他如何通过一款读书APP在短短几个月内读了几十本书。他的分享让我深受刺激，开始反思自己的阅读习惯和方法。

做出改变

受到朋友的启发，我决定尝试使用这款名为"阅读快车"的读书APP。这款APP不仅提供了丰富的书籍资源，还有多种阅读模式和专注工具，帮助我提高阅读效率和专注力。我开始每天利用碎片时间阅读，并通过APP的笔记和分享功能记录自己的阅读心得。

总结经验

经过一段时间的使用，我发现自己的阅读速度明显提高，注意力也更加集中了。这款APP不仅让我重新找回了阅读的乐趣，还让我学会了如何在繁忙的生活中高效利用时间。现在，我已经养成了每天阅读的习惯，并且通过分享读书心得结识了很多志同道合的朋友。

图 16

模板010：我的优点+我的宗旨+我的缺点+我的人品

★写作公式

我的优点+我的宗旨+我的缺点+我的人品

★举例说明

【我的优点】我觉得我卖货最大的优点，就是一直都只赚良心钱。

【我的宗旨】我做生意有几大宗旨：

1. 只推荐好的产品，不让客户踩雷。

2. 售前有服务，售后有保障。

3. 不乱推荐，只推荐适合顾客的。

【我的缺点】我可能不是完美的人，人情世故我不太擅长，也有些"社恐"，也不太会把顾客捧上帝，主打互相尊重。

【我的人品】但我始终如一，深耕，坚持，认真，负责。

★填空式模板

我觉得＿＿＿＿＿＿＿＿＿＿＿＿＿＿＿＿＿＿＿＿＿＿＿＿

就是＿＿＿＿＿＿＿＿＿＿＿＿＿＿＿＿＿＿＿＿＿＿＿＿＿

我做事有几大宗旨：

1. ＿＿＿＿＿＿＿＿＿＿＿＿＿＿＿＿＿＿＿＿＿＿＿＿＿＿

2. ＿＿＿＿＿＿＿＿＿＿＿＿＿＿＿＿＿＿＿＿＿＿＿＿＿＿

3. ＿＿＿＿＿＿＿＿＿＿＿＿＿＿＿＿＿＿＿＿＿＿＿＿＿＿

我可能＿＿＿＿＿＿＿＿＿＿＿＿＿＿＿＿＿＿＿＿＿＿＿＿

主打＿＿＿＿＿＿＿＿＿＿＿＿＿＿＿＿＿＿＿＿＿＿＿＿＿

但我始终＿＿＿＿＿＿＿＿＿＿＿＿＿＿＿＿＿＿＿＿＿＿＿

★模板解析

1. 这套文案公式很朴素，主打一个靠谱的人设。没人会拒绝和人品好的人交朋友。

2. 你的宗旨、优点、人品都是体现你人品的关键。可以直接坦白地讲出来。

3. 另外，还要主动说出自己的缺点，这会让人觉得你很真诚。但要注意：这里所描述的缺点，尽量避免原则性的，比如不守时、不诚实、不讲信用等，这些都是毁灭你人设的点，必须在生活中改正。

比如：卖家具。

我觉得我卖家具最大的优点就是：一直都只赚良心钱。

我做生意几大宗旨：

1. 只推荐品质好的家具，不让你踩雷；

2. 不推荐贵的家具，只推荐适合你的；

3. 售前、售后服务一样到位。

我可能不是完美的人：

例如，口才不是很好，不会夸夸其谈，也不太会拍马屁或者阿谀奉承，也不会把顾客捧到天上，主打真诚靠谱、相互尊重。

但我始终如一：深耕，专业，认真，负责。

★AI快速创作

直接代入文案写作公式即可，见图17。

◎ 提示词

请你以"我的优点+我的宗旨+我的缺点+我的人品"的模式，写一篇关自己卖护肤品的文案

请你以"我的优点+我的宗旨+我的缺点+我的人品"的模式，写一篇关自己卖护肤品的文案

我的优点：专业与热情

作为一名护肤品销售人员，我拥有丰富的专业知识和热情的服务态度。我对各种肤质和皮肤问题了如指掌，能够根据客户的需求推荐最适合的产品。无论是干性、油性还是混合性肌肤，我都能提供个性化的解决方案。我的热情和专业让我赢得了众多客户的信任和好评。

我的宗旨：真诚与信赖

我的宗旨是真诚待人，赢得客户的信赖。我相信，只有真诚的服务才能赢得客户的信任。我会耐心倾听每一位客户的需求和困惑，提供最专业的建议和最贴心的服务。我的目标是让每一位客户都能找到最适合自己的护肤品，拥有健康美丽的肌肤。

我的缺点：追求完美

虽然我有很多优点，但我也有一个明显的缺点——太过追求完美。我对产品的质量和效果有着极高的要求，总是希望每一款产品都能达到完美的效果。这种追求完美的态度有时会让我在工作中显得有些苛刻，但我相信，正是这种态度让我能够为客户提供最优质的产品和服务。

我的人品：诚信与责任心

我始终坚信，诚信和责任心是一名销售人员最重要的品质。我会严格遵守职业道德，绝不夸大产品的效果，绝不误导客户。我会对自己的工作负责，对每一位客户负责，确保每一位客户都能得到最好的购物体验。我的诚信和责任心让我在行业中赢得了良好的口碑。

图 17

如果觉得文案太长，直接输入"字数控制在100字"，按照实际需求灵活调整即可。

本节10个模板均融入了个人故事元素，撰写文案时，你可以纯粹分享自己的经历，也可以巧妙植入产品信息。根据实际情况，灵活选择适合的文案公式进行套用。现在很多人倾向于用一篇小长文来讲述自己的故事，这些模板同样适用，甚至可以组合使用，创作出更多既有趣又有深度的文案。

第2节　专业式文案成交

人们之所以愿意为你付费，不仅仅是因为你这个人靠谱，值得交朋友，还因为你拥有专业的能力和素养。在遇到相关领域问题时，有你这个"靠山"，总能迅速为大家找到解决方案，提供有力的帮助。节省了他们大量的时间和精力。这样的你，让用户感到安心和踏实。

如果用户在遇到问题时，你总是束手无策，甚至显得外行，这可能会让事态恶化，那么即便你人品再好，人们也不敢轻易将自己的事情托付给你。

因此，个人品行和专业能力缺一不可，它们是促成交易的两大基石，也可以说专业能力也是个人品行的一部分。

要在文案中充分展现你的专业能力，明确告诉读者你能为他们解决哪些具体问题。这样不仅能够有效提升你的个人影响力，还能助力你更好地与潜在客户建立联系，让他们放心地帮你转介绍。

下面提供了10套模板，不仅能彰显你的专业素养，还能有效提高成交率。

模板011：关键转变+里程碑事件+客户案例+帮助他人

★写作公式

关键转变+里程碑事件+客户案例+帮助他人

★举例说明

【关键转变】这个月，我经历了三个关键的转变，它们成了我成长道路上的重要里程碑。

【里程碑事件】

1. 项目成功：我带领团队成功交付了一个关键项目，不仅使公司的市场竞争力提升了20%，还赢得了业界的高度认可，荣获"年度最佳项目奖"。

2. 创新策略：通过实施一系列创新策略的实施，我带领的团队工作效率提高了35%，业绩还增长了20%。

3. 行业交流：我被提名作为代表，参与行业内的重要研讨会，与超过50位行业专家交流经验，为团队引入了三项前沿技术和两条理念。

【客户案例】我还运用我的方法帮助了很多企业提升效率，让他们的业绩翻倍。例如，我的客户张先生，通过我的方法，成功解决了公司内部的管理难题，业绩比上半年提升了30%。

【帮助他人】我期望用我的专业知识和丰富经验，帮助更多的人。无论你面临的是管理挑战还是业务发展难题，我都可以为你提供专业的指导和支持。

★填空式模板

这个月，我经历了＿＿＿个关键的转变。

1. ＿＿＿＿＿＿＿＿＿＿＿＿＿＿＿＿＿＿＿＿＿＿＿＿＿＿＿＿＿＿

2. ＿＿＿＿＿＿＿＿＿＿＿＿＿＿＿＿＿＿＿＿＿＿＿＿＿＿＿＿＿＿

3. ＿＿＿＿＿＿＿＿＿＿＿＿＿＿＿＿＿＿＿＿＿＿＿＿＿＿＿＿＿＿

我还运用我的方法帮助了＿＿＿＿，解决了＿＿＿＿。

希望能帮助更多的人。无论你面临的是＿＿＿＿还是＿＿＿＿，我都可以为你提供＿＿＿＿的指导和支持。

★模板解析

1. 这个模板通过"里程碑事件"侧面展示个人成绩，但重点并非强调自己有多么厉害，而是通过实际成绩让用户感受到你的专业水准，以及你持续进步的态度和掌握的最前沿实战经验。

2. 人们普遍具有慕强心理。当你展现出强大的能力并展示取得的显著成果时，你推荐的产品自然更具说服力。

3. 最后，点明你愿意运用自己的专业知识为大家提供服务，保持低调的姿态，展现出谦虚且可靠的形象。

4. 这既能塑造自己的个人IP，也能实现营销。

★AI快速创作

让AI帮助你写出里程碑事件，并描写得更有说服力。

◎ 提示词

01. 有哪些里程碑事件可以凸显××领域的专业性

02. 请你举例说明（写5个）

03. 并说明原因

以写作为例，见图18。

有哪些里程碑事件可以凸显写作领域的专业性
请你举例说明（写5个）
并说明原因

以下是5个能凸显写作领域专业性的里程碑事件及原因：

里程碑事件1：出版个人专著

原因：出版专著是对一个作家专业水平和创作能力的最有力证明。它意味着作者在某个领域进行了深入的研究和思考，并能够以系统、完整的方式将其观点和成果呈现给读者。

里程碑事件2：获得重要文学奖项

原因：文学奖项通常由权威机构评选，具有很高的认可度和影响力。获得此类奖项表明作者的作品在文学价值、艺术表现等方面得到了业内专家的高度评价。

里程碑事件3：在知名文学期刊发表多篇作品

原因：知名文学期刊对稿件质量有着严格的把控，能够在上面发表多篇作品，说明作者的写作水平持续稳定在较高水准，并且其作品具有一定的吸引力和影响力。

里程碑事件4：受邀担任大型写作比赛的评委

原因：担任评委需要具备深厚的专业知识、丰富的创作经验以及敏锐的鉴赏能力。这一角色能够凸显作者在写作领域的权威性和专业地位。

里程碑事件5：创建并运营成功的写作工作坊或课程，培养出众多优秀的学员

原因：这表明作者不仅自身专业能力出众，还能够将自己的知识和经验有效地传授给他人，帮助他人提升写作水平，体现了其在写作教学和指导方面的专业素养。

希望这些例子对您有所帮助！

图18

紧接着让AI帮助你优化文案。

◎ 优化版提示词

01.描写里程碑事件，带来的成绩

02.在其中加入数据，使得文案更有说服力

AI生成效果，见图19。

以下是将里程碑事件按照您所提供的有说服力的方式重写的示例：

里程碑事件 1：完成重要书籍的初稿

原因：独自完成了 30 万字重要书籍的初稿，期间查阅了近百本参考资料，其深度和广度在同类书籍中处于领先地位。

里程碑事件 2：在顶级写作工作坊中获得最佳学员称号

原因：经过严格的课程学习和作品展示，在众多优秀的学员中脱颖而出，被评为顶级写作工作坊的最佳学员，充分证明了我的写作实力和潜力。

里程碑事件 3：成功策划并举办一场大型文学交流活动

原因：策划并成功举办了有 200 多人参加的大型文学交流活动，吸引了众多知名作家和读者的参与，为当地文学圈注入了新的活力。

里程碑事件 4：在知名写作平台上连续三个月获得月度之星

原因：凭借出色的作品质量和独特的创作风格，在竞争激烈的知名写作平台上，连续三个月被评为月度之星，得到了广泛认可和赞誉。

里程碑表现 5：建立个人写作品牌，粉丝数量突破 10 万

原因：经过长期的努力和坚持，成功建立了个人写作品牌，粉丝数量在短时间内突破 10 万，成为了具有一定影响力的写作人物。

图 19

模板012：新变化+解读新规+厌恶损失+引导互动

★写作公式

新变化+解读新规+厌恶损失+引导互动

★举例说明

【新变化】想要买房的人，注意了！！新的政策来了，从下个月开始买房需要支付××费用了。

【解读新规】这份文件很长，我挑重点的说："……"

【厌恶损失】如果不想平白无故地多交钱，一定要重视。

【引导互动】事关重要，大家还有不清楚的，可以私聊我，让我来一对一为你服务。

★ 填空式模板

_____的人注意了！！新的_____。

内容/文件比较长，我挑重点说

1. _____

2. _____

3. _____

你想不想_____？

事关重要，大家可以私聊我。

★ 模板解析

1. 人们都对新变化充满好奇，但往往懒得深入探究。这时，你可以运用专业知识解读当前趋势和新政策的影响，从而让目标用户自然而然地依赖你。

2. 紧接着，向大家传递一个信息：如果不关注这些变化，可能会带来损失。人人都害怕损失，不愿"吃亏"。

3. 告诉用户提供一对一咨询服务，既让用户感受到尊贵的VIP待遇，又充分尊重了他们的隐私。

4. 利用一对一私聊的机会，你可以主动询问用户是否有其他需求，适时推荐相关产品。

这样的文案既能展现你的专业度，又能让你显得体贴入微，从而更容易让用户从你这里购买产品，并愿意为你和你的产品进行推荐和介绍。

★ AI快速创作

◎ 提示词①

01. 目标受众：指出具体的人群。例如：想要买房的人/正在考虑换工作的职场人士

02. 新政策或趋势：具体的新政策、规定或市场趋势，例如"新的房产税政策""远程工作模式的兴起"等

03. 影响内容：列出新政策或趋势将如何影响目标受众

04. 关键信息点：强调3个关键信息点

以职场人群为例，效果见图20。

◎ 提示词②

01. 目标受众：在考虑换工作的职场人士

02. 请你全面搜集招聘、用人等相关的新政策或趋势

03. 列出新政策或趋势将如何影响目标受众

04. 强调3个关键信息点，给需要找工作的人一些建议

基于您提供的信息，以下是按照您给出的模板撰写的文案：

文案示例

适度制造焦虑

在考虑换工作的职场人士注意了！！新的招聘、用人相关政策即将实施，从下个月开始，求职市场将迎来重大变革！

出示证据

这份政策文件很长，我挑重点的说：

1. 背景：新政策旨在规范招聘流程，保护劳动者权益。

2. 影响：企业招聘标准将更加严格，求职者需要更多的资质和经验。

3. 应对策略：提前准备，提升个人竞争力，确保简历和面试技巧与时俱进。

厌恶损失

如果你不想在求职过程中因为不符合新政策而错失良机，一定要重视这些变化。

呼吁行动

事关重要，大家在准备求职的过程中还有不清楚的，可以私聊我，让我来一对一为你服务，帮助你顺利过渡到新的就业环境。

图 20

新政策解读内容描述太平，要多强调痛点，我们提醒AI来帮助我们完成。

◎ 优化版提示词

让文案中的痛点更加突出，更具体地描述新政策给求职者可能带来的挑战和不便

图21是修改后的内容：

文案示例（痛点加强版）

出示证据

这份政策文件很长，我挑重点的说：

1. 背景：新政策旨在规范招聘流程，保护劳动者权益，但这意味着以往那些"走后门""靠关系"的捷径将被彻底堵死。

2. 影响：企业招聘标准将更加严格，不仅要求更高的学历和专业资格，还增加了对工作经验和技能的考核。这意味着，即使你有一份漂亮的简历，也可能因为不符合新的标准而被拒之门外。

3. 应对策略：如果你不想在求职时因为不符合新政策而屡屡碰壁，你必须提前准备，不仅要提升个人的专业技能，还要确保你的简历和面试技巧能够紧跟最新的招聘趋势和要求。

图 21

模板013：普遍现象+客户故事+我的观点+我最擅长

★写作公式

普遍现象+客户故事+我的观点+我最擅长

★举例说明

【普遍现象】你有没有发现：很多人一直在不停地切换赛道。今天看到做A项目赚钱，立马去做；明天看别人做B项目赚钱，又立马转方向，最后什么都没有做成。

【客户故事】我有个私教学员，之前看小红书挣钱，去做小红书，看视频号挣钱，去做视频号。后来什么都做不好，找到我询问："自媒体到底怎么快速变现？"

【我的观点】我说："你学得太多了，想要赚钱不难，难的是专一和持续运营能力。"

赚到钱的人，都是死磕一个项目，成功后再做迁移。

【我最擅长】我不仅擅长带人做自媒体变现，还很会激发人的持续运营能力。所以我带出的学员一个比一个强。如果你也想通过自媒体拿到结果却没耐力，找我就对了！

★填空式模板

你有没有发现：很多人_____，最后什么都没有做成。

我有个_____，之前____。

后来找到我询问_____，我说_____。

我最擅长_____，如果你也想_____，找我就对了！

★模板解析

1. 先指出一个普遍存在的问题或痛点（频繁切换赛道导致失败），引起关注。

2. 使用真实的客户故事来佐证问题的普遍性及其带来的负面影响，增加可信度。

3. 提出独特的观点或解决方案（专注和持续力是成功的关键），展示你的专业能力。

4. 通过展示过去的成功经验和成果（带出很多优秀的学员），建立潜在客户的信任。

5. 此外，你要大方自信地告诉用户，你最擅长的就是解决这个痛点。做营销，一定要学会毛遂自荐，越是大方讲出来，用户越容易相信你；反之，过于扭捏反而会让用户产生怀疑，甚至质疑你的专业能力。

★AI快速创作

◎ 提示词

01. 请你写出××领域中的普遍问题/挑战

02. 举例说明，讲一个你和客户之间的故事

03. 指出导致这个问题的本质原因是什么

04. 用毛遂自荐的方法，呼吁用户来找你

根据上述提示词，AI就能很快写出文案，根据前面的模板再进行优化即可。

以职场领域为例，效果见图22。

> 01.请你写出职场中因不会任务管理，导致效率低的普遍问题
> 02.请i举例说明，讲一个你和客户之间的故事
> 03.指出导致这个问题的本质原因是什么
> 04.用毛遂自荐的方法，呼吁用户来找你设计任务管理APP

01. 职场中因不会任务管理导致效率低的普遍问题

在职场中，许多员工和管理者因缺乏有效的任务管理技能而面临效率低下的问题，具体表现为：

- 任务拖延：无法按时完成任务，导致工作积压。

- 优先级混乱：不清楚哪些任务最重要，浪费时间在不紧急的事情上。

- 缺乏专注：容易被干扰，难以长时间集中注意力在一个任务上。

- 重复劳动：没有合理安排工作流程，导致重复性工作增多。

- 目标不明确：缺乏清晰的工作目标和计划，工作方向模糊。

02. 举例说明，讲一个你和客户之间的故事

有一次，我遇到了一位客户张女士，她是一家中型企业的HR经理。张女士向我抱怨说，她的团队每天都在忙碌，但工作效率却很低，很多任务都无法按时完成。经过详细了解，我发现她的团队在任务管理上存在严重问题：没有明确的工作计划，任务分配不合理，也没有有效的进度跟踪机制。

为了解决这个问题，我帮助张女士和她的团队制定了一套详细的任务管理流程，包括每日、每周和每月的工作计划，明确了每个任务的优先级和负责人，并引入了一个简单的项目管理工具。几个月后，张女士的团队工作效率显著提高，任务完成率也大幅提升。

03. 指出导致这个问题的本质原因是什么

导致职场中因不会任务管理导致效率低的本质原因是缺乏系统化的任务管理方法和工具。许多员工和管理者没有接受过专业的任务管理培训，不知道如何科学地规划和管理工作任务，导致工作效率低下。

04. 用毛遂自荐的方法，呼吁用户来找你设计任务管理APP

如果你也像张女士一样，面临着任务管理混乱、工作效率低下的问题，不妨来找我。作为一名专业的任务管理顾问，我不仅擅长制定高效的任务管理流程，还能为你量身定制一款专属的任务管理APP。

图22

模板014：别人好奇+说出秘密+点出利益+直接促单

★写作公式

别人好奇+说出秘密+点出利益+直接促单

★举例说明

【别人好奇】经常有人好奇地问我"为什么你天天不出门，却能拿到销冠？"

【说出秘密】说实话，我的确很少去线下谈单，90%的时间都在线上交流。比如，我刚刚发布了一条朋友圈营销文案，马上就有人下单了。

【点出利益】一篇优秀的文案堪比一名超级销售员，甚至能超越100个销售员的努力。

【直接促单】现在我把自己总结的经验总结成了一门课程，分享给大家，只需付款99元，一起做销冠！

★填空式模板

经常有人好奇地问我：_____。

说实话，我的确很少_____，90%的时间都_____。

比如，_____。

_____相当于_____，甚至可以_____。

现在我决定把自己总结的经验_____，分享给大家，欢迎感兴趣的伙伴加入。

★模板解析

1. 在信息过载的时代，抓住用户的注意力是关键。好奇心驱动的内容能有效吸引用户的注意。

2. 提供了一个具体的例子，这个例子可以间接说明你的专业能力。例如，点出了文案的价值，即能够大幅度提高销售效率，这对于潜在客户来说是一个明显的利益点。

3. 通过对比手法（"很努力但无效"与"好的方法效率翻倍"），突出效果和优势，也体现了你的专业性。

4. 最后直接提出一个明确的行动号召，引导感兴趣的读者转化为实际的购买行为。

★AI快速创作

让AI写出类似的文案，要提供产品类型、目标受众、产品亮点等这些信息即可。

◎ 提示词

01. 开头用"为什么我在××方面业绩好"的句式开头

02. 描述您在某个领域（如营销、写作等）的成功经验或独特见解

03.强调您的服务或产品的独特卖点，如"一对一私教""高效转化"等

04.通过具体的数据（如流量提升30%）来量化改进效果，使读者更容易看到价值

05.提供您的服务或产品的价格，在文案中进行优惠或促销活动的宣传

以开网店为例子，效果见图23。

01开头用"很为什么我的网店生意总是不如别人好"的句式开头
02描述在网店生意中的成功经验或独特见解
03通过具体的数据（如流量提升30%）来量化改进效果，使读者更容易看到价值
04呼吁用户来卖你的"网店生意经"，优惠价99元

【为什么我的网店生意总是不如别人好】

许多店主都有这样的困惑：为什么我的网店生意总是不如别人好？其实，这背后隐藏着许多运营秘诀。

【网店生意的成功经验】

在我自己的网店经营中，我发现了一个关键要素——优化店铺和产品的网络推广。最近，我对我们店铺的主图和描述进行了全面改进，结果令人惊喜：流量立刻提升了30%！

【量化改进效果】

你知道吗？一张精心设计的图片和一段吸引人的文字描述，其影响力可能超过数十次的免费推广。通过这些改进，我们的转化率也提高了20%，销售额增长了近50%。

【立即行动】

现在，我将这些实战经验整理成了一套详细的教程，帮助你轻松提升网店人气和销量。只需支付99元，你也可以掌握这些秘诀，告别生意惨淡的日子！立即点击购买，开启你的网店成功之旅！

图 23

模板015：亮背书+说方法+强总结+来私聊

★写作公式

亮背书+说方法+强总结+来私聊

★举例说明

【亮背书】我最近收到很多留言，90%的问题都是：如何面试才能提高成功率？

作为一个工作8年跳槽5次，成功拿到20多个大厂Offer，又有5年HR经历的职场人，给你分享超好用的3个技巧。

【说方法】

1. 深入了解目标公司和职位的要求，做到知己知彼。

2. 优化个人简历，突出你的优势和与职位的匹配度。

3. 面试过程中，学会用STAR法则来结构化地回答行为面试问题。

最后，别忘了在面试结束时礼貌地询问下一步安排，展现你的积极主动。

【强总结】面试就是一场博弈，心态上不要怯，行动上要积极，只要不放弃就已经跑赢了大多数的人！胆子越大，工作越好！

【来私聊】如果你想了解更多关于面试的细节和技巧，或者想要针对你的具体情况进行一对一的面试指导，请随时私聊我。我会根据你的需求提供个性化的建议和帮助。

★填空式模板

我最近收到很多_____，问我_____相关问题。

作为一个_____，给你分享超好用的_____技巧。

1. _____

2. _____

3. _____

最后_____，别忘了_____。

如果你也想_____，欢迎_____。

★模板解析

1. 文案开头先写个人经历和取得的成果。一是植入自己的人设，二是强化强调你的专业性和权威性。让用户先信任你，他才愿意看下面的内容。就像《影响力》中所说："权威是一种巨大的影响力，它能够让我们更容易地接受和服从他人的意见。"这就是心理学中的"权威效应"。

2. 亮背书后，还要给出一些实用的建议，把你平时总结的技巧写出来，让用户觉得有收获，能解决他们的问题。进一步拉近距离，建立信任。

3. 最后，通过鼓励性的语言，激发读者的积极情绪和行动力。

4. 这个类型在小红书平台常见，我刚开始写小红书笔记，基本都是这个模板，很容易转化，且很多人会收藏学习。

★AI快速创作

根据上述的文案公式和模板，可以让AI快速创作。

◎ 提示词

01. 亮背书：请你描述自己在××方面的成绩和多年经验

02. 常见问题：请你列出在××领域过程中常遇到的问题或困惑

03. 解决方案：针对××问题，请你提供3个具体方法，帮助解决上述常见问题

04. 激励性语言：设计一些鼓励性的语句，激发读者的积极情绪和行动力

05. 互动引导：编写一个呼吁读者进行进一步互动和咨询的语句

这篇文案，第一步要先亮背书，个人的背书需要自己梳理，然后根据提示词，一步步询问AI，即可快速写出一篇文案。

以带团队为例子，见图24。

【亮背书】

近期收到众多留言，大家都在探寻如何有效领导团队以及怎样激发员工的积极性。凭借我5年的管理经验和全国领先的片区业绩，我将与您分享四个实用的管理技巧，助您轻松实现业绩飞跃！

【说方法】

　1. 明确角色定位：

　　• 管理者应勇于担当，既要关心员工，也要坚持原则，塑造权威形象。

　2. 深入一线参与：

　　• 管理者需亲临现场，与团队成员并肩作战，共同面对挑战。

　3. 实施竞争机制：

　　• 引入末位淘汰制，营造积极的竞争氛围，激发团队活力。

　4. 制定激励政策：

　　• 设计有效的奖励机制，让员工感受到成就感和归属感。

【强总结】

最佳的团队建设便是带领团队取得胜利！通过不断积累小胜，最终实现大胜。只要坚持不懈地运用正确方法，团队的凝聚力与业绩都将稳步提升！

【来私聊】

若您渴望系统掌握销售管理之道，欢迎随时与我私聊交流。

图24

模板016：专业提问+给出答案+带出产品+呼吁行动

★写作公式

专业提问+给出答案+带出产品+呼吁行动

★举例说明

【专业提问】你知道如何挑选高品质的红酒吗？市面上的红酒种类繁多，但真正懂的人却不多。

【给出答案】如何辨别呢？来教你几招：

第一：观色，优质红酒色泽鲜艳，透明度高，不会有浑浊或沉淀物。

第二：闻香，轻轻摇晃杯子，好的红酒会散发出复杂的香气，而不是单一的酒精味。

第三：品鉴，入口后能感受到它的层次丰富，酸甜适中，余味悠长。

【带出产品】这正是我们精选的红酒系列，每一瓶都经过严格的挑选和品鉴，确保品质上乘。

【呼吁行动】想要品尝好的红酒，立即联系我，享受专属优惠！

★填空式模板

你知道＿＿＿＿＿吗？市场上的＿＿＿琳琅满目，但＿＿＿却不多。

如何辨别呢？让我来教你几招：

第一＿＿＿＿＿＿＿＿＿＿＿＿＿＿＿＿＿＿＿＿＿＿＿＿＿＿＿＿＿＿

第二＿＿＿＿＿＿＿＿＿＿＿＿＿＿＿＿＿＿＿＿＿＿＿＿＿＿＿＿＿＿

第三＿＿＿＿＿＿＿＿＿＿＿＿＿＿＿＿＿＿＿＿＿＿＿＿＿＿＿＿＿＿

这就是我们的＿＿＿＿＿产品。

感兴趣的伙伴，快来＿＿＿＿＿＿！

★模板解析

1. 通过提出一个专业性问题开启话题，目标用户自然想知道答案，防止自己买错、买假，花冤枉钱。

2. 接下来回答问题，从侧面凸显出你的专业性。让读者能够直观地感受到产品的特点和优势。

3. 即便用户现在不购买，他们也会觉得在你这里学到了知识。可能会先关注你，将来需要的时候再下单，为你未来的成交播下种子。

4. 最后一步，带出产品并说明优惠，促进下单。写文案时，并不总需要促单动作。在自媒体平台上，适当分享一些干货，增加用户黏性也是一个不错的选择。很多商家都是前期先分享内容，增加信任感，后期再进行批量式成交。

★AI快速创作

◎ 提示词

01. 请你为××产品写一个营销文案

02. 开头提出一个专业性问题，例如：你知道如何挑选高品质的红酒吗？你知道如何挑选土鸡蛋吗？

03. 提供3种简单易懂且实用辨别方法

04. 列出好产品的主要特点，强调和一般的同类产品不同

05. 设计一个呼吁读者进行进一步互动和购买的句子，如"赶快联系我"或"立即下单享受优惠"等

以土鸡蛋为例子，见图25。

01.请你为土鸡蛋写一个营销文案
02.开头提出一个专业性问题，例如：你知道如何挑选高品质的红酒吗？你知道如何挑选土鸡蛋吗？
03.提供3个简单易懂且实用辨别方法
04.列出好产品的主要特点，强调和一般的同类产品不同
05.设计一个呼吁读者进行进一步互动和购买的句子，如"赶快联系我"或"立即下单享受优惠"等

【你知道如何挑选高品质的土鸡蛋吗？】

在超市的货架上，土鸡蛋琳琅满目，但你知道如何挑选出真正的优质土鸡蛋吗？

【辨别方法】

1. 观察蛋壳：优质的土鸡蛋蛋壳坚硬且光滑，颜色均匀，没有裂纹或污渍。

2. 摇晃测试：轻轻摇晃鸡蛋，优质土鸡蛋内部不会有明显的晃动声，表明蛋黄和蛋白紧密贴合。

3. 透光检查：在一个黑暗的环境中，用手电筒照射鸡蛋，优质土鸡蛋的蛋黄会呈现明显的圆形，轮廓清晰。

【产品特点】

我们的土鸡蛋源自天然牧场，与普通鸡蛋相比有以下独特之处：

- 天然饲养：鸡只食用天然饲料，杜绝了任何化学添加剂的摄入。

- 营养丰富：富含优质蛋白质和多种微量元素，比普通鸡蛋更具营养价值。

- 无抗生素：全程无抗生素使用，保证每一枚鸡蛋的安全和健康。

【立即行动】

想要体验这份来自大自然的馈赠吗？赶快联系我，立即下单享受限时优惠，带你享用真正的美味土鸡蛋！

图25

模板017：专业形象+服务对话+成功案例+量身定制

★写作公式

专业形象+服务对话+成功案例+量身定制

★举例说明

【专业形象】作为一名5年的专业健身教练，服务过上千学员，也见证了很多人的改变。我始终相信，身体的改变来自每一次严格的训练和精确的饮食计划。最近看到很多人吃减肥药瘦身，后期反弹严重。

【服务对话】今天有个学员问我："教练，有些动作实在做不到，能不能把这一部分去掉。" 我说："健身就像建房子，每一块砖都很重要。我们可以调整训练计划，但绝不能减少对效果的追求。"

【成功案例】比如，我的学员小李，通过3个月的系统训练，成功减掉了20斤，并且没有反弹。这只是众多成功案例中的一个，我的方法已经帮助上千名学员实现了他们的健身目标。（在平台发布的时候，可以发一些对比图片。）

【量身定制】每个人的身体都是独一无二的，因此我会根据你的具体情况，量身定制最适合你的健身计划。帮助你在安全、有效的前提下，达到理想的健身效果。

我绝不会再让你通过捷径一时爽，后期痛苦一整年。

这也是为什么，虽然我们都在健身，但成果却大不相同。

作为一名健身教练，带给你的不仅仅是身体训练，更是不妥协的精神。

★填空式模板

作为一名＿＿＿＿，我始终相信＿＿＿＿。

某某说：＿＿＿＿＿＿＿＿。

我说：＿＿＿＿＿＿＿＿。

举例子：＿＿＿＿。

这也是为什么，虽然我们都在＿＿＿＿，但成果却大不相同。

我作为一名＿＿＿＿，带给你的不仅仅是＿＿＿，更是＿＿＿精神！

★模板解析

1.开头通过简短的自我介绍，塑造一个专业可靠的形象，让客户对你产生初步的信任。

2. 接着通过一个具体的服务场景对话，展示你对服务质量的坚持和对客户需求的关注，让客户感受到你的专业素养和服务态度。

3. 在结尾部分，重申你对专业和服务质量的承诺，强调你在任何细节上都不会妥协，以此增强客户对你的信任感，使他们更愿意选择你的服务。

★AI快速创作

文案要突出专业性，以及成功案例展示，可以用以下的方法。

◎ 提示词

01. 专业性：关于××领域，如何描述才能突出专业性，并进行示例描述

02. 服务亮点：在写出××领域的5个服务亮点

03. 成功案例：请你写出一个关于××领域的成功案例

以写作为例，见图26。

关于写作领域，如何描述才能突出我的专业性

要在写作领域突出您的专业性，可以从以下几个方面进行描述：

1. 专业背景和经验

- 教育背景：提及您所受的专业教育，例如文学硕士、新闻学博士等。
- 工作经历：描述您在写作领域的具体工作经历，如资深记者、专栏作家、内容策划等。
- 出版作品：列出您所撰写的书籍、发表的文章或获得的奖项，展示您的专业成果。

2. 专业技能和知识

- 写作技巧：强调您掌握的各种写作技巧，如叙事技巧、数据分析、市场调研等。
- 语言能力：提及您精通的语言种类，尤其是对于多语言写作者来说，这是一个重要的优势。
- 研究能力：说明您在撰写文章或书籍时进行深入研究的能力，展示您的严谨性和专业性。

3. 行业认可和影响力

- 行业奖项：提及您所获得的行业奖项或荣誉，证明您在写作领域的成就。
- 媒体曝光：描述您在主流媒体或社交媒体上的曝光情况，展示您的影响力。
- 专家推荐：如果有行业内知名人士对您的评价或推荐，不妨一并提及。

4. 客户反馈和案例

- 客户评价：分享一些客户对您作品的正面评价，展示您的专业服务质量和客户满意度。
- 成功案例：列举一些您成功完成的写作项目，详细描述项目的背景、过程和结果。

示例描述

作为一名拥有10年写作经验的资深记者，我毕业于XX大学新闻学专业，并获得了文学硕士学位。我的写作领域涵盖科技、商业和社会等多个方面，曾在《XX日报》和《XX杂志》上发表过多篇获奖文章。我精通中英文双语写作，能够进行深入的市场调研和数据分析，确保每篇文章都具备高度的专业性和可信度。我的客户包括多家知名企业和机构，他们对我的作品给予了高度评价，认为我的写作风格简洁明了、深入浅出，能够有效传达信息并吸引读者。

通过以上描述，您可以全面展示自己在写作领域的专业性，吸引更多潜在客户的关注和信任。

图 26

按照提示词来引导AI，就能写出有血有肉的文案，并能够快速套用模板写出文案，提示词02和03，用同样的方法。

模板018：精准痛点+成就展示+提升方法+收尾提醒

★写作公式

精准痛点+成就展示+提升方法+收尾提醒

★举例说明

【精准痛点】年终总结写不好，一年的工作都白干。

又到了写年终总结的时刻，这时候一定要向领导充分展示自己的业绩和能力。否则，辛辛苦苦的努力可能就会付诸东流。

【成就展示】每到年终总结时，我总是能成功吸引领导的目光，不仅被点名表扬，后来还变成了专门负责为公司撰写各种汇报材料的人。

【提升方法】好的汇报材料都有以下诀窍：

基本框架：年终总结=70%业绩展示+10%存在不足+20%明年计划。

业绩展示是关键：

1.前后对比法：通过对比展示你的进步，让领导一目了然。

2.数据趋势图：用图表展示每月成果，稳扎稳打的实力尽显。

3.三个特别亮点：

一是描写遇到的危急事情，展示你的应对能力；

二是描写外界评价，借别人的口夸自己，更有说服力；

三是抓住一个自己最突出、别人没有的亮点，体现不可或缺性。

【收尾提醒】抓住这几点就够了，不要过于冗长，面面俱到，反而让人记不住。按照这个思路来写，你的年终总结一定不会差！

如果你想获取更多实用的模板和技巧，欢迎私信我，一起交流心得！

★填空式模板

＿＿＿＿做不好，＿＿＿＿都白干。

好的＿＿＿＿＿＿都有＿＿＿个诀窍：

1.＿＿＿＿＿＿＿＿＿＿＿＿＿＿＿＿＿＿＿＿＿＿＿＿＿＿＿＿＿

2.＿＿＿＿＿＿＿＿＿＿＿＿＿＿＿＿＿＿＿＿＿＿＿＿＿＿＿＿＿

3.＿＿＿＿＿＿＿＿＿＿＿＿＿＿＿＿＿＿＿＿＿＿＿＿＿＿＿＿＿

能够抓住＿＿＿＿＿就够了，不要＿＿＿＿＿，反而让人记不住。

按照这个思路＿＿＿＿＿，你的＿＿＿＿＿一定不会差！

★模板解析

1. 开篇先从痛点入手，引起用户的重视。这是每个职场人都可能面临的现实问题，能够迅速抓住他们的注意力。

2. 通过个人经历和成果展示，体现专业能力，从而增强了文案的可信度和吸引力。读者看到你的成功案例，自然会对你的方法产生兴趣。

3. 给出你的方法和技巧，让读者读完后有所启发。方法论部分可以根据具体情况展开详细描写。例如，在小红书中，我会详细分析具体案例，读者看完后觉得非常有启发性，吸引了600多人的关注与评论。精准解决用户的问题，就能快速促成交易。

★AI快速创作

根据上述模板和公式，直接投喂给AI即可。

◎ 提示词

01. 痛点：写出××事情的重要性，如果不重视会带来严重损失

02. 个人成就展示：讲述自己在××方面的专业性，要突出多年经验

03. 提升方法：写出做好××事情的3个关键诀窍，围绕痛点来写

04. 收尾提醒：再次提醒读者××事情重要性，鼓励读者采取行动，并提供进一步的交流机会

按照这样的提示词，就可以很快让AI写出一篇能解决大家痛点、凸显你专业

的文案。

以宣传一款职场APP为例，见图27。

营销文案

职场APP——提升工作效率的关键

💧 精准痛点：

在快节奏的职场环境中，时间管理不善往往会导致工作效率低下，甚至影响职业发展。如果你不重视时间管理和任务优先级排序，可能会面临严重的职业损失，错失晋升机会，甚至影响整个团队的绩效。

💧 成就展示：

作为一名资深的职业规划师，我拥有超过十年的职场管理经验。我曾帮助数千名职场人士提升工作效率，优化工作流程，帮助他们实现职业目标。我的专业知识和实战经验，使我成为职场效率提升领域的权威。

💧 提升方法：

1. 任务优先级排序：学会识别和安排最重要的任务，确保每天都能专注于高价值的产出。

2. 使用高效的工具：借助专业的职场APP，实时跟踪进度，管理日程，减少时间浪费。

3. 定期自我反思：每周评估一次自己的工作表现，找出改进的空间，持续优化工作习惯。

💧 收尾提醒：

再次提醒您，高效的时间管理和任务管理对于职场成功至关重要。不要让忙碌无序的工作状态阻碍您的职业发展。立即采取行动，下载并使用我们的职场APP，开启您的高效工作之旅。

如果您有任何疑问或需要进一步的指导，请随时联系我。我期待与您交流，共同迈向职场成功！

图 27

模板019：行业解读+实际案例+温馨贴士+找我帮忙

★写作公式

行业解读+实际案例+温馨贴士+找我帮忙

★举例说明

【行业解读】你知道吗？在保险里，有个"最大诚信原则"。就像咱们交朋友一样，得坦诚相待。签保险合同的时候，你得老老实实告诉保险公司你的健康状况、家族病史等等。这样，保险公司才能给你提供最合适的保障，就像好朋友在你需要的时候伸出援手一样。但你得告诉朋友到底发生了什么，他才能知道怎么更好地为你提供帮助。

【实际案例】我有个客户，他去年买保险的时候，主动告诉保险公司他以前做过一个小手术。虽然这可能会让保费贵一点，但保险公司还是很爽快地给他保单了。后期客户生病住院，保险一下就报销了大部分费用，让他心里踏实多了。这就像你提前准备了一把伞，下雨的时候就不会被淋湿。

【温馨贴士】这里有个小贴士要告诉你，很多时候，医生说没问题，但保险公司的风险评估可是看检查单和住院单的！医生工作忙，有时候会在病历上写"可疑""疑似"或者打个问号，这些都可能影响你投保。所以，一定要仔细检查病历哦！

【找我帮忙】如果你有健康险投保的需求，可以来找我，我帮你仔细检查健康告知，避免遗漏重要信息，让你买得放心，用得安心。

★填空式模板

在_____行业里，有个原则叫_____。这就像 _____。

这样，_____公司才能给你提供最合适的_____，避免_____。

我有个客户_____，得到了很满意的结果。

这里有个小贴士要告诉你_____。

有需要_____需求，可以来找我，避免_____。

★模板解析

1. 首先，介绍行业内一个重要的原则或规则，为读者提供专业知识，建立信任感。

2. 然后，通过一个具体案例展示你是如何在自己的服务中应用这一原则的。怎么切切实实帮助别人的。

3. 提供一些实用的建议或小贴士，帮助读者了解和遵循行业原则，同时展示你的专业见解。

4. 最后，鼓励读者在有需要时联系您，提供帮助或进一步的服务。这样接下来谈单和成交就会更顺畅。

★AI快速创作

◎提示词

01. 请你解读××行业的××原则，用比喻的形式，让读者更好懂，更容易理解（一般介绍行业规则的时候，外行人很难看懂，这个时候用写作手法中

的"比喻法"，变成通俗易懂的句子，能帮助用户更好理解，更有共鸣）

02.请你用一个生活中常见的现象，进行举例说明

03.写出一个常见的误区，给读者写出温馨提示

举个例子，见图28。

> 请你按照这个模板，写一个关于装修行业的营销文案

装修行业营销文案

【行业解读】：
在装修行业里，有个原则叫"先设计后施工"。这就像咱们做饭一样，得先有个菜谱，才能知道要买什么菜，怎么搭配。设计方案做好了，施工起来才能有条不紊，避免返工和浪费。

【实际案例】：
前不久，有个客户找我装修房子。他一开始想随便找个施工队，结果做了没多久就发现设计不合理，材料也不合适，最后不得不返工，浪费了不少时间和金钱。后来，他找到我，我们一起做了详细的设计方案，施工过程顺利多了，房子也装修得既美观又实用。

【温馨贴士】：
装修前一定要做好预算和设计方案，就像你出门旅行要提前规划好路线和预算一样。找专业的设计师帮你设计，不仅能保证美观，还能避免很多不必要的麻烦。

【找我帮忙】：
如果你想装修房子，但不知道怎么下手，别担心，来找我吧！我可以根据你的需求和预算，帮你设计出最合适的装修方案，确保施工过程顺利，让你住得舒心，用得放心。

通过这种详细的解释和实际案例，希望能让你更好地理解装修行业的原则和重要性，也能感受到我的专业和贴心。

图28

模板020：一直困扰+我能解决+本质问题+经验丰富

★写作公式

一直困扰+我能解决+本质问题+经验丰富

★举例说明

【一直困扰】我有个客户，她一直被痘痘问题困扰。尝试了各种护肤品，甚至去了多家美容院，但效果都不明显。她的皮肤问题不仅影响了她的外貌，还让她缺乏自信。

【我能解决】后来，她找到我进行咨询。我仔细分析了她的皮肤状况和生活习惯，发现她的痘痘问题主要是由于内分泌失调和不良的饮食习惯引起的。我为她制定了个性化的护肤方案，包括调整饮食、使用适合她肤质的产品，以及定期进行深层清洁和保湿护理。经过几个月的努力，她的痘痘问题得到了显著改善，皮肤也变得更加光滑细腻。

【本质问题】很多人以为护肤就是简单地解决表层的问题，买了很多昂贵的护肤品都无效。其实皮肤问题并不是单一原因造成的，可能是多种因素共同作用的结果。因此，在选择护肤品和护肤方案时，一定要找到问题的根源，才能事半功倍。

【经验丰富】我做皮肤管理多年，见多了各种疑难杂症，很多棘手问题，找到源头其实很容易解决。如果你有护肤方面的困惑，可以来找我咨询。

★填空式模板

我有个客户一直被_____困扰。

尝试了各种_____方法，但效果都不明显。

后来，她找到我。我仔细分析_____相关问题。

经过_____方法，问题很快得到解决。

很多人以为_____是表层的问题，其实_____。

找到问题的根源，才能事半功倍。

我做_____多年，见多了各种疑难杂症。

如果你有_____方面的困惑，可以来找我咨询。

★模板解析

1. 通过用户案例开头能够快速抓住用户的注意力，尤其是强调用户尝试了各种方法都无法解决，但你能够化解问题，这能够有效凸显你的专业性和解决问题的能力。

2. 强调了个性化护肤方案的重要性，符合现代消费者对定制化服务的需求。能够让用户感受到你的服务是真正为他们量身定制的。

3. 详细分析了问题的根源，展示了专业性和深度。说明你不是一个只看表面的人，能够治标又治本，可以进一步增强信任度。

4. 最后强调自己多年的经验和见多识广，能够让用户相信你有能力解决各种难题。

★AI快速创作

◎ 提示词

01. 开篇：用一个具体的用户案例开头，强调用户尝试了多种方法但无法解决问题

02. 专业性：通过描述你如何解决用户的问题，突出你的专业性

03. 个性化方案：强调个性化方案的重要性，说明你是如何根据用户的具体情况制定方案的

04. 问题根源：详细分析问题的根源，展示你的专业分析和深度

05. 经验展示：强调你多年的经验和成功案例，增强信任感

06. 结尾：鼓励读者咨询，并提供进一步的交流机会

按照提示词和上述公式，即可快速完成一篇文案

以上10个模板，核心在于突出个人的专业性。面对各式场景，轻松套用，再借助AI生成文案。你还可以在此基础上，衍生出更多的文案创意，灵活应对各种需求，从而更有效地提升个人影响力和业务成果。

第3节 痛点式文案成交

痛点，是消费者的隐痛，也是成交的关键突破口！

当某个难题持续地困扰着你、折磨着你，此时有人能为你排忧解难，无异于雪中送炭。用户自然会为这种精准的痛点买单，无须你过多费力劝说。当你敏锐地捕捉到痛点，并给出切实可行的解决方案，成交就变得水到渠成。

为了帮助你更好地捕捉精准痛点，并提升成交的可能性，我们精心准备了10套实用的模板。让你每一次交易都变得轻松愉快！

模板021：普遍痛点+痛点升级+产品植入+解决问题

★写作公式

普遍痛点+痛点升级+产品植入+解决问题

★举例说明

【普遍痛点】很多人都有这样的经历：一整晚睡不好，第二天醒来像被榨干了似的，头昏脑胀，心情烦躁。

【痛点升级】我们的一生中，几乎有1/3时间是在床上度过的。很多人都知道，想要做成一件事，除了拼尽全力，还得懂得休息。如果睡不好，会因为缺乏精力，导致你在工作中频频出错，项目进度受阻，甚至让你错失晋升的关键机会。这都是连锁反应啊！

【产品植入】在白天，我们辛苦工作，日程满满当当，为事业冲刺；而到了夜晚，我们需要一款优质的枕头，让我们在躺下便能迅速安心沉睡，有效缓解压力。

【解决问题】我们这款专业舒适的枕头，帮助你睡好、睡饱，让你能量满格地投入工作。为了更好的自己，这投资绝对值！

★填空式模板

很多人都有这样的经历：_____。

想要做成一件事，除了_____，还得懂_____。

如果不注意，不仅会导致_____还会_____。

这款专业_____，帮助解决_____。

★模板解析

1. 开篇直接揭示一个普遍且深刻的痛点，让读者瞬间产生共鸣。例如，描述失眠带来的疲惫和烦躁感，让读者感同身受。

2. 第一个痛点还不够，想要击中用户，不能仅停留在表面上，还要进一步将痛点与用户的人生重要目标（如事业成功、家庭幸福等）紧密关联。展示睡眠质量如何直接影响这些关键领域的表现，从而强化紧迫感和需求感。

3. 很多人在做购买决定时，认为消费是个人享乐，所以不愿意下单。文案引导读者从"消费即享乐"的思维转变为"消费即投资"的理念。明确传达购买高品质枕头不仅是为了改善生活品质，更是对自己未来发展和事业成功的投资。

这样一套模板下面就会更容易击中用户。

★AI快速创作

◎ 提示词

01. 请你写出关于××中的普遍痛点

02. 请你写出这些痛点如何影响用户的人生

03. 请你写出产品怎样才能帮助用户解决这个问题

04. 请你引导用户下单，告诉用户超值

以职场人群为例，效果见图29。

01. 写作中的痛点

- 灵感枯竭：找不到合适的主题或想法。

- 拖延症：总是推迟写作任务，难以开始。

- 写作瓶颈：思路不畅，难以继续推进文章。

- 语言表达不清：词汇匮乏，句子结构不流畅。

- 格式和结构混乱：文章组织无序，难以把握整体框架。

02. 这些痛点如何影响用户的人生

- 影响职业发展：在工作中无法高效完成报告或提案，影响晋升机会。

- 学业成绩下降：学生在撰写论文和考试作文时表现不佳，影响成绩。

- 个人表达受限：无法准确传达思想和情感，影响人际交往和个人成长。

- 时间浪费：因拖延和反复修改而浪费大量时间，影响其他活动的安排。

- 心理压力增加：长期的写作困扰可能导致焦虑和自我怀疑。

03. 产品怎样才能帮助用户解决这个问题

- 提供灵感库：内置丰富的主题和素材，激发用户的创作灵感。

- 设定写作计划：帮助用户制定详细的时间表和目标，克服拖延症。

- 写作指导工具：提供实时建议和反馈，帮助用户改进语言表达和结构。

- 模板和框架设计：提供多种文章结构和格式选项，让用户轻松组织内容。

- 在线协作平台：支持多人同时编辑和评论，提升团队写作效率。

图29

04. 引导用户下单，告诉用户超值

- 限时优惠：现在购买享受特别折扣，性价比超高。

- 全面功能体验：一次性解决所有写作难题，全面提升写作能力。

- 长期受益：不仅提升当前写作水平，还能助力未来的职业和学术发展。

- 用户好评如潮：众多用户验证有效，口碑极佳，值得信赖。

- 无忧退款政策：不满意可随时退款，无任何风险，放心购买。

通过以上步骤，您可以有效地引导用户认识到写作工具的价值，并鼓励他们进行购买。

图 29

通过提示词可以快速写出痛点和解决方案，紧接着，让AI按照写作公式写营销文案，见图30。

◎ 提示词

请你按照上述罗列的痛点和解决方案，依据公式"普遍痛点+痛点升级+产品植入+解决问题"，写一篇关于"写作训练营"的营销文案

请你按照上述罗列的痛点和解决方案，依据公式"普遍痛点 + 痛点升级 + 产品植入+解决问题"，写一篇关于"写作训练营"的营销文案

写作训练营营销文案

普遍痛点

你是否常常感到灵感枯竭，坐在电脑前却一个字也写不出来？或者总是陷入拖延症，迟迟无法开始你的写作任务？写作瓶颈、语言表达不清、格式和结构混乱，这些是否已成为你写作路上的绊脚石？

痛点升级

这些问题不仅仅影响你的写作效率，更深远地影响着你的职业发展和学业成绩。在工作中，你可能因为无法提交高质量的报告而错失晋升机会；在学习上，糟糕的论文成绩可能让你与梦想的学校擦肩而过。长期以往，这些痛点还会加剧你的心理压力，让你对写作甚至自我能力产生怀疑。

产品植入

现在，【写作训练营】为你提供了一站式的解决方案！我们的训练营不仅帮助你激发灵感，还通过科学的写作计划帮助你克服拖延症。专业的导师团队将为你提供实时的写作指导，帮助你提升语言表达能力和文章结构组织能力。

解决问题

加入【写作训练营】，你将获得：

- 丰富的灵感库和素材资源，让你的创意源源不断。

- 定制化的写作计划，帮助你高效管理时间和任务。

- 专业导师的一对一辅导，针对你的写作瓶颈提供精准解决方案。

- 多种文章模板和框架，让你的文章结构清晰、逻辑严谨。

- 社群互动和反馈机制，让你在写作路上不再孤单。

别再让写作难题阻碍你的前进脚步！【写作训练营】限时优惠正在进行中，现在报名享受特别折扣，性价比超高。我们的学员已经通过这门课程实现了写作能力的飞跃，你还在等什么？立即报名，开启你的写作之旅，让每一次笔触都充满力量！

图 30

模板022：尴尬情境+严重后果+正向对比+改变提升

★写作公式

尴尬情境+严重后果+正向对比+改变提升

★举例说明

【尴尬情境】你有没有过类似这样的经历：在一次重要的商务宴会上，你因为不熟悉餐具的使用顺序，而在餐桌上显得手忙脚乱，甚至不小心将食物撒在衣服上，让场面一度尴尬；在与客户会面时，你可能因为握手过于用力，给人留下不专业或不友好的印象；在社交场合中，你可能因为过于滔滔不绝地谈论自己，而忽视了倾听他人的重要性，让人觉得你"很没分寸感"。

【严重后果】如果继续这样放任自己，不懂社交礼仪，这种尴尬将会伴随你的整个人生。在职场上，你可能因缺乏礼仪而错失晋升，被同事轻视，甚至被人觉得你行为"很掉价"。在社交圈里，你也只能做个边缘人，无法融入真正的圈子，让人觉得既"没分寸感"又不"靠谱"。

【正向对比】相比那些懂礼仪的人，他们的举手投足间流露出的优雅与魅力，不仅让人印象深刻，更让合作变得轻松愉快。而你，或许能力出众，却常常输在了不起眼的"礼仪"细节上。

【改变提升】社交礼仪是人生中逃离不开的重要课题，无论是参加专业培训，还是阅读经典书籍，或是实践锻炼，都能助你迅速提升。早一天学习，早一天受益！

★填空式模板

你有没有过类似这样的经历：

在一次_____，显得手忙脚乱，甚至_____；

在一场_____，因为_____，给人留下_____。

如果继续这样放任自己，这种尴尬将会伴随你的整个人生。

你可能因_____，被轻视，甚至让人觉得既"没分寸感"又不"靠谱"。

相比那些_____的人，因_____变得更好。

_____是人生的重要课题，早一天学习，早一天受益！

★模板解析

1. 单纯地讲某件事重要显得太抽象了，用户不喜欢被教育。我们在自媒体平台发文章的时候，要学会把用户带入一个场景，让读者自己回忆某个尴尬的片段，让他们发自内心想要改变，而不是你拿鞭子催着他改变。

2. 刺痛读者还不够，大多数人可能痛一下就忽略了。你要明确指出，这个问题不解决，会带来难以承受的后果，当用户发现这一点后，就会立刻寻找解决方案。

例如，上述文案中，告诉读者，如果你不改变，在社交场合你还是会显得愚蠢、难堪。想到这些，读者就开始意识到重要性了！

3. 有句老话说：没有对比就没有伤害。

我们的焦虑、内耗，不就是在对比中来的吗？你要告诉用户，牛人在做什么，获得了什么，怎么谈笑风生的，再描述不懂社交礼仪的人多么尴尬。瞬间形成反差，效果立竿见影。

★AI快速创作

◎ 提示词

01. 请你描述，不懂××知识，可能会遇到的尴尬场景

02. 请你写出如果不改变，这些尴尬场景会带来哪些长期负面影响

03. 写出改变和不改变之间的对比效果，让读者更加意识到重要性

04. 强调这件事是人生重要的课题，鼓励用户现在快速做出改变

让AI写一篇关于穿着打扮的营销文案，见图31。

请你写一篇关于穿着打扮的营销文案
01.请你描述，不懂打扮，可能会遇到的尴尬场景
02.请你写出如果不改变，这些尴尬场景会带来哪些长期负面影响
03.写出改变和不改变之间的对比效果，让读者更加意识到重要性
04.强调这件事是人生重要的课题，鼓励用户现在快速做出改变

"穿上自信，展现魅力——打扮，你人生的加分项！"

01. 不懂打扮，可能会遇到的尴尬场景

你是否还记得那次在重要婚礼上，因为穿着不合时宜而显得格外突兀？或者在一次商务洽谈中，你的休闲装束让客户对你的专业性产生怀疑？又或者，在一个正式晚宴上，你的装扮与周围人格格不入，导致你整晚都感到不自在，甚至错过了与他人交流的机会？

02. 如果不改变，这些尴尬场景会带来哪些长期负面影响

如果继续忽视打扮的重要性，这些尴尬的场景将会对你的职业生涯和个人形象产生长期的负面影响。在职场上，不适当的着装可能会影响他人对你的专业能力的判断，从而影响晋升和工作机会。长期下来，这可能导致你在职场中处于不利地位，难以获得应有的认可和尊重。在社交生活中，不合适的打扮可能会限制你的社交圈子，影响你的人际关系和生活质量。这不仅会影响你的自信心，还可能让你错过许多重要的社交机会。

03. 改变和不改变之间的对比效果

设想一下，如果你开始注重打扮，学习如何根据不同场合选择合适的服装和风格，情况将会如何转变。你会发现自己无论在职场还是社交场合中都能自信满满，展现出最佳状态。在职场上，得体的着装会让同事和客户对你刮目相看，提升你的专业形象和工作效率。在社交生活中，合适的打扮会让你更容易融入各种场合，结交更多的朋友，享受更加丰富多彩的生活。相比之下，如果你选择不改变，你将继续在这些尴尬和不适中挣扎，错失许多提升自我和拓展人际关系的机会。这种对比，无疑会让读者更加深刻地意识到注重打扮的重要性。

04. 强调这件事是人生重要的课题，鼓励用户现在快速做出改变

打扮不仅仅是外在的修饰，更是展现自我、提升自信的重要途径。它是人生中不可或缺的一课，影响着我们的职业发展、社交圈子和生活质量。现在就是改变的最佳时机，不要再犹豫，立即行动起来，学习如何打扮自己，让自己在任何场合都能焕发光彩。记住，早一天改变，早一天受益！

穿上自信，展现魅力——立即行动，让自己的人生更加精彩！

图 31

这里AI抓的痛点主要是职业发展方面的，如果你针对的人群是其他领域的，还可以继续提问AI。

◎ 提示词

不懂打扮，除了影响职业发展，还会影响哪些方面，请你写5个

通过这样的方式，可以写出更多痛点，效果见图32。

> 不懂打扮，除了影响职业发展，还会影响哪些方面，请你写5个

不懂打扮不仅会影响职业发展，还会在多个方面产生负面影响。以下是五个具体的方面：

1. 社交圈子

不懂打扮可能会限制你进入某些社交圈子。人们往往根据第一印象来判断他人，如果你总是穿着不合时宜或不修边幅，可能会被某些社交群体排斥，难以建立广泛而有意义的社交网络。

2. 心理健康

外表的形象直接影响个人的自信心和自尊心。长期不注重打扮可能导致自我感觉不佳，进而影响心理健康，增加焦虑和抑郁的风险。自信的外表可以帮助你更好地应对生活中的各种挑战。

3. 人际关系

在人际交往中，外表是一个重要的因素。不恰当的打扮可能会让他人对你产生误解或偏见，影响你与家人、朋友和同事的关系。良好的外表形象有助于建立和维护良好的人际关系。

4. 生活质量

打扮不仅仅是外在的修饰，更是生活态度的体现。懂得打扮的人往往更注重生活的品质和细节，享受更加丰富多彩的生活体验。相反，不注重打扮可能会让你错过许多美好的机会和体验。

5. 职业机会

除了直接影响职业发展，不懂打扮还可能错失一些潜在的职业机会。例如，在面试、商务洽谈或行业活动中，得体的着装可以增加你的竞争力，帮助你赢得更多的机会和信任。

总之，打扮在多个方面都对我们的生活有着重要的影响。学会正确打扮自己，不仅能提升外在形象，还能在多个层面上改善我们的生活质量和幸福感。

图 32

　　根据人群和受众，挑选出最合适的一个点展开描述。如果这些痛点都不是你想要的，可以继续让AI拓展。

模板023：痛点连击+制造认同+出现转机+引导互动

★写作公式

痛点连击+制造认同+出现转机+引导互动

★举例说明

　　【痛点连击】你的门店是不是经常陷入无人问津的窘境？顾客进门后仅是潦草试穿，最终空手而归？哪怕偶尔消费，也总偏爱低价商品？

　　是不是感觉自己的店铺像个摆设，顾客来了又走，走了又来，就是留不住？

业绩惨淡到连员工工资都发不出，老板的日子过得比员工还拮据？

是不是觉得自己像个守株待兔的傻子，眼巴巴盼着顾客光顾，却总是差那么一点就能促成交易？长此以往，店铺的经营状况愈发糟糕，甚至面临倒闭的风险！

【制造认同】我深知这种无奈，曾经的我也是这样日复一日地守候在店里，期盼着顾客的光临。但每次当客人真的走进来时，我却似乎总是差那么一点就能促成交易。长此以往，业绩低迷得连员工工资都成了问题。

【出现转机】幸运的是，在一次偶然的机会中，我接触到了先进的营销理念，并结合自己的实践经验，精心打磨出了一套行之有效的"销售秘籍组合拳"。这套方法实施仅两个月，我的销售额就刷新了历史纪录——一个月的盈利竟抵得上过去一整年的总和！这样的转变让我自己都感到惊喜不已。

【引导互动】如果你也渴望突破现状，实现销售额的快速增长，强烈建议你尝试这套经过实战检验的方法。记住，机会总是留给有准备的人，千万不要错过这个改变命运的时刻！

★填空式模板

你是不是＿＿＿＿＿＿？是不是＿＿＿＿？是不是＿＿＿＿？

我深知这种无奈，曾经的我也是＿＿＿＿＿＿＿。

长此以往，形成＿＿＿＿问题。

幸运的是，在一次偶然的机会中，我接触到了＿＿＿＿＿，结合自己的实践经验，精心打磨出了一套＿＿＿＿＿。

后来，机缘巧合下，我学到了＿＿＿＿＿。这套方法帮我＿＿＿＿。

如果你也渴望突破现状，实现＿＿＿＿＿快速增长。强烈建议你尝试这套经过实战检验的方法。

★模板解析

1. 痛点往往不是单独存在的，而是一系列的连锁反应。通过"痛点三连击"，形成一种累积效应，使读者感受到问题的严重性和紧迫性。每个叠加痛点都直击目标用户的实际困境，更容易引发读者的共鸣。

2. 利用同理心效应，通过分享个人经历，展示对读者困境的理解和同情。可以直接用"我以前也和你一样"这样的句式，这种表达方式也显得更加亲切，避免了高高在上的说教。真实的故事和经历比抽象的说教更有说服力。

3. 紧接着写转机，给读者希望感。介绍自己如何克服困难并取得成功，可以给读者带来信心。成功的案例也可以激发读者的行动欲望，促使他们采取类似行动。

★AI快速创作

◎ 提示词

01. 请你搜集各方资料，写出××领域最常见的3大痛点

02. 请你用过来人的身份写出有同理心的故事

03. 请你写出面给对上述痛点，一般是怎么出现转机的

04. 请你写出激发读者立刻采取行动的句子

我尝试让AI用这套提示词写了女性成长领域，见图33。AI写得特别细腻，堪比一个成熟的写手了（文案较长，只截取部分展示）。

01.请你搜集各方资料，写出女性成长领域最常见的3大痛点
02.请你写用过来人的身份写出有同理心的故事
03.请你写出面给对上述痛点，一般是怎么出现转机的
04.请你写出激发读者现在立刻采取行动的句子

01. 女性成长领域最常见的3大痛点

1. 职业发展瓶颈：
   许多女性在职业生涯中会遇到晋升难题，尤其是在男性主导的行业或高层管理职位上。性别偏见、工作与家庭的平衡问题以及缺乏职业发展机会是主要障碍。

2. 自我认知与自信缺失：
   女性常常面临自我价值和能力的低估，容易受到外界评价的影响，缺乏自信和明确的职业目标。这种心理障碍会影响她们的决策能力和追求梦想的勇气。

3. 家庭与事业的平衡挑战：
   照顾家庭的责任往往落在女性肩上，这使得她们在追求个人职业发展和自我提升时感到压力巨大。如何在繁忙的家庭生活中找到时间和精力进行自我成长是一个普遍难题。

02. 用过来人的身份写出有同理心的故事

我曾经也是一位在职场上挣扎的女性。记得那段时间，每次公司有晋升机会，我都觉得自己不够资格，总是担心自己的能力不如男性同事。而且，作为两个孩子的母亲，家庭的责任让我几乎没有时间去考虑自己的职业发展。每天晚上，当我坐在书桌前想要规划未来时，孩子们的哭声和家务的呼唤总是打断我的思绪。

有一次，我在一次女性成长论坛上听到了一个关于自我认知和自信建立的讲座，这彻底改变了我的生活。我开始学会设定自己的目标，并且不再让外界的声音左右我的决定。通过参加培训和自我学习，我逐渐找回了自信，并且在工作中取得了显著的进步。现在，我不仅能很好地平衡家庭和工作，还成为了公司里最年轻的女性部门经理。

03. **面对上述痛点，一般是怎么出现转机的**

职业发展瓶颈：
转机通常来自于专业培训、导师指导和网络建设。女性可以通过参加行业会议、加入专业社群和寻找一位经验
丰富的导师来获得更多机会和资源。

图33

模板024：遮羞痛点+我的爽点+差距揭秘+价值重塑+呼吁行动

★写作公式

遮羞痛点+我的爽点+差距揭秘+价值重塑+呼吁行动

★举例说明

【遮羞痛点】最近，很多拥有10万粉丝的博主向我求助变现之道。这不禁让我想起那些表面上看起来风光无限、实则囊中羞涩的博主们。他们的账号或许粉丝众多，但往往是看热闹者居多，赚得了眼球却换不来真金白银。

【我的爽点】而我呢？全网粉丝不过1万，却能在短时间内实现六位数的变现。低粉高变现，是策略的胜利。

【差距揭秘】如何做到的呢？

1.内容的极致打磨：每一篇文章都用心写，让用户读完有获得感。

2.价值的深度传递：我提供的不仅仅是内容，更是实实在在的方法论，让读者在每一次观看中都有所收获。

3.私域流量的布局：我精通如何将公域流量转化为私域，通过与读者的深度互动建立起信任基础。

4.内容要真实接地：我说的话、讲的故事，都紧贴生活，抓住人心，真诚才能赢得真正的尊重和成交。

【价值重塑】一个真正赚钱的账号，不仅仅是粉丝数量的堆砌，更是粉丝质量与变现能力的双重胜利。

【呼吁行动】如果你也渴望突破粉丝数量的限制，实现真正的收益增长，欢迎来找我咨询！

★填空式模板

最近，很多＿＿＿＿＿＿＿向我求助。

而我呢？_____很少，却能在短时间内实现_____。

如何做到的呢？

1._____

2._____

3._____

一个好的_____，能（不仅）_____又能（更是）_____。

如果你也想_____，欢迎来找我咨询！

★模板解析

1. 开篇明确点出很多"表面风光"带来的遮羞布，撕开用户的普遍困境或需求，迅速抓住用户的注意力。

2. 通过对比展示自己的成功案例，突出低粉高变现的策略优势。激发用户的好奇心和探究欲。

3. 展示案例和成果，满足用户对美好结果的向往，激发他们的追求动力。

4. 列出成功原因，为用户提供可操作的解决方案，增加内容的实用价值。

5. 强调成功的标准不仅仅是表面现象（如粉丝数量），而是更深层次的价值体现（如粉丝质量与变现能力），引导用户从本质出发。

★AI快速创作

◎ 提示词①

01. 请你写出××群体的××隐形痛点

02. 请你写出你也有××弱点，但无法对你造成困扰

03. 请你写出什么原因造成了两者之间的差距

04. 请你一句话总结出根本价值本身

以微胖女性穿衣困扰为例，见图34。

◎ 提示词②

01. 请你写出微胖群体的穿衣痛点

02. 请你写出你微胖，但是没有遇穿衣困扰

03. 请你写出什么原因造成了两者之间的差距

04. 请你一句话总结出根本价值本身

有了这些关键词，直接按照上面的填空式模板套用，就很快能够写出一篇营销文案啦。

01. 微胖群体的穿衣痛点

微胖群体在穿衣方面常常面临的痛点包括：

- 难以找到合身的衣物，容易买到过紧或过松的款式。
- 担心某些衣物会凸显身体的不完美部位，如腰部、臀部或大腿。
- 在选择颜色和图案时感到困惑，担心某些设计会让自己显得更胖。
- 缺乏时尚感，担心自己的穿搭不够吸引人或跟不上潮流。
- 难以找到既舒适又美观的衣物，尤其是在炎热的夏季。

02. 微胖，但没有穿衣困扰

虽然我微胖，但我没有穿衣困扰，原因如下：

- 我了解自己的身体类型和适合的款式，能够自信地选择适合自己的衣服。
- 我注重衣物的剪裁和质量，而不是仅仅追求流行趋势。
- 我善于搭配，知道如何通过颜色、图案和配饰来平衡整体造型。
- 我拥有一颗积极的心态，相信自己的独特魅力，不因体型而自卑。
- 我注重舒适感，选择既适合自己又让自己感到自在的衣物。

03. 造成两者之间差距的原因

造成两者之间差距的原因主要有以下几点：

- 自我认知的差异：了解并接受自己的身体类型是关键，这能帮助微胖群体更自信地选择衣物。
- 时尚知识的掌握：掌握基本的时尚搭配原则和技巧，可以让微胖群体更好地展现自己的优势。
- 心态的不同：积极的心态和对自己的接纳是克服穿衣困扰的重要因素。
- 购物习惯的差异：注重衣物的剪裁和质量，而不是盲目追求潮流或品牌，有助于找到真正适合自己的衣物。
- 社交支持的强弱：拥有支持自己的朋友和家人，可以增强自信心，减少穿衣时的焦虑感。

04. 根本价值本身

根本价值在于：真正的美丽和自信来源于对自己的接纳和对生活的热爱，无论体型如何，每个人都有权利展现自己的独特魅力。

图 34

模板025：优势反差+结果反差+原因分析+激发需求

★写作公式

优势反差+ 结果反差 +原因分析+ 激发需求

★举例说明

【优势+结果反差】你发现没，很多职场新人，虽然经验不如你丰富，却凭借熟练使用科技办公工具迅速崭露头角。他们入职晚，却因为工作效率高、任务质量优，晋升速度令你咋舌。当你在烦琐任务中苦苦挣扎时，他们已经在享受工作带来的成就感和个人时间的自由。这种鲜明的对比，是不是让你感到一丝失落？

【原因分析】其实，拉开职场差距的往往就是那些看似不起眼的办公工具。比如这款备受推崇的AI鼠标，它内置了尖端的AI算法，能精准捕捉并适应你的每一个操作习惯。不仅如此，AI鼠标还能提供海量模板和资料，无论是精细的图形设计还是海量的数据处理，它都能助你一臂之力，大幅缩减工作时间，提升整体效率（可以根据产品特点，描述卖点）。

【激发需求】别再让过时的办公方式束缚你的职业发展了！点击下方链接，抓住限时优惠的机会，让它成为你职场晋升的得力助手！

★填空式模板

你发现没，很多 ＿＿＿＿不如你的人，却凭借＿＿＿＿＿＿超越你。这种鲜明的对比，是不是让你感到一丝失落？

其实，拉开＿＿＿＿＿＿差距的，往往就是那些看似不起眼的＿＿＿＿＿＿。

它的优势：＿＿＿＿＿＿＿＿。

别再让＿＿＿＿＿＿束缚你的发展。点击下方链接，抓住限时优惠的机会。

★模板解析

1. 用优势反差+结果反差，造成心理冲击。通过描述"能力不如你的人却正在赶超你"的情景，直击读者"自尊心和焦虑感"的痛点，容易引起共鸣。

2. 分析其中的原因，直接指出"工具差异"是造成差距和竞争力下降的原因之一，强化了购买动机。

3. 人们最怕的就是不如自己的人，混得比自己好。这个痛点能一击即中。

★AI快速创作

◎提示词

01. 请你以"很多 ＿＿＿＿不如你的人，却凭借＿＿＿＿＿＿超越你"的句式开头，写关于××领域痛点

02. 请你写出拉开差距的正是××产品带来的效果

03.请你写出××产品的优势，强化用户购买动机

04.请你在最后写出促进用户现在下单的文案

以宣传一款小黑裙为例子，见图35。

> 01.请你以"很多＿＿＿不如你的人，却凭借＿＿＿超越你"的句式开头，写关于形象设计不同拉开的差距
> 02.请你写出拉开差距的正是穿衣效果带来的效果
> 03.请你写出小黑裙能带来的好处，强化用户购买动机
> 04.请你在最后写出促进用户现在下单的文案

01. 形象设计拉开差距

很多形象不如你的人，却凭借专业的形象设计超越你。

02. 穿衣效果带来的差距

拉开差距的正是穿衣效果带来的显著差异。形象设计不仅仅是外在的装扮，更是展现个人魅力和自信心的关键。通过专业的形象设计，一个人可以焕然一新，从内而外散发出迷人的气质。

03. 小黑裙的好处

小黑裙作为一种经典且百搭的单品，能带来诸多好处：

- 简约优雅：小黑裙的设计简洁大方，适合各种场合，无论是日常出行还是正式宴会，都能展现出低调的奢华感。
- 显瘦修身：黑色具有视觉收缩的效果，能够很好地修饰身材，让穿着者显得更加苗条。
- 百搭多变：小黑裙可以轻松搭配各种上衣和鞋子，打造出不同的风格，满足个性化的需求。
- 提升自信：穿上小黑裙，你会自然而然地感到更加自信和专业，这对于职场和个人生活都是极为有益的。

04. 促进用户现在下单的文案

不要再让平凡的形象限制你的潜力！选择一款适合自己的小黑裙，开启全新的形象之旅。点击下方链接，立即下单，并享受限时优惠！让我们一起蜕变，展现最自信、最美丽的自己！

立即行动：抓住机会，改变从现在开始！

图 35

模板026：时代痛点+契机转变+成果数据+强调危机

★写作公式

时代痛点+契机转变+成果数据+强调危机

★举例说明

【时代痛点】在这个信息爆炸、竞争激烈的时代，传统的线下获客方式已难

以满足企业的需求。客户越来越分散，市场变化越来越快，如何高效、精准地触达目标客户，已成为每个企业面临的巨大挑战。

【契机转变】现在，是时候拥抱线上获客的新潮流了！通过互联网的力量，你可以轻松跨越地域界限，触达全球潜在客户。趁早行动，才能抢占市场先机！

【成果数据】我们服务的很多企业，通过线上获客，客户数量激增50%，转化率提升了30%！线上平台不仅帮助他们精准定位目标客户，还大幅提高了品牌知名度和客户满意度。

【强调危机】时代的一粒灰，落在个人身上，都是一座大山。记住，市场不会等你。落后一步，可能就意味着失去未来。线上获客不仅是提升竞争力的关键，更是企业持续发展的必由之路。别等到竞争对手一骑绝尘时，才追悔莫及！

★填空式模板

在这个_____的时代，传统的_____方式，已难以满足____的需求。

现在，是时候拥抱_____的新潮流了！通过_____的力量，你可以轻松_____。

我们服务的很多企业客户，数量激增_____，转化率提升了_____。

时代的一粒灰，落在个人身上，都是一座大山。

记住，市场不会等你。落后一步，可能就意味着失去未来。

★模板解析

1.围绕所在领域、大时代、大背景等方面展开。让用户觉得这是必须面对和要解决的一个问题。这个写法也是在"借势"，用时代的变迁来做支撑，更有说服力。

2.强调"抓住契机，趁早改变"的紧迫性，鼓励读者立即采取行动。

3.提供具体的成功数据和案例，证明方法的有效性。

4.强调不改变，就会被时代淘汰，激发危机感。

★AI快速创作

◎ 提示词

01.请你写出××行业/领域，目前所面临的时代痛点

02.请你写出改变后，会带来什么好处，在文案中加入真实的用户评价或成功案例

03.请你加入数据，例如：数量激增50%，转化率提升了30%

04.请你写出如果不改变，会带来什么危机

以教育领域例子，让AI参考上述提示词，写一段文案，见图36。

请你写一段关于教育要结合AI的文案
01.请你写出教育领域，目前所面临的时代痛点
02.请你写出改变后，会带来什么好处，在文案中加入真实的用户评价或成功案例
03.请你写出成功案例的数据，例如：数量激增50%，转化率提升了30%
04.请你写出如果不改变，会带来什么危机

教育要结合AI

在这个信息爆炸的时代，教育正面临着前所未有的挑战。传统的教育模式已经难以满足学生们日益增长的学习需求和快速变化的社会环境。教育领域目前所面临的时代痛点包括：教学资源分配不均、学习效率低下、个性化需求难以满足以及创新能力培养不足。

然而，当教育遇上AI，一切都变得不同。AI技术的引入不仅能够优化教学资源配置，提高学习效率，还能根据每个学生的特点提供个性化的学习方案，极大地激发了学生的创造力和自主学习能力。一位来自北京的学生家长表示："自从学校引入了AI辅助教学，孩子的学习兴趣明显提高了，成绩也有了显著的进步。"

成功的案例不胜枚举。例如，某知名在线教育平台通过AI技术实现了个性化推荐学习内容，使得学生的学习效果提升了30%，同时，平台的用户转化率也增长了50%。这些数据无疑证明了AI在教育领域的巨大潜力和价值。

如果我们继续沿用传统的教育模式而不进行创新和改进，那么我们将面临严重的危机。教育的质量将无法跟上时代的步伐，学生的综合能力和竞争力将受到限制，进而影响到整个社会的进步和发展。因此，将AI技术与教育紧密结合，不仅是教育创新的必由之路，也是我们共同迎接未来挑战的关键所在。

图 36

模板027：年龄痛点+强调现实+引发后果+机遇转变

★写作公式

年龄痛点+强调现实+引发后果+机遇转变

★举例说明

【年龄痛点】即使你现在还年轻，眼部肌肤的呵护也不容忽视。研究显示，眼部皮肤比脸部其他部位更早显露衰老迹象，提前8年就开始变薄和脆弱。

【强调现实】眼部衰老不是老年人的专利，它悄悄影响着每一个人。日常的压力、屏幕时间过长和不规律的生活习惯都在加速这一过程。

【引发后果】如果不早点关注，初期的细纹和黑眼圈可能会迅速恶化。而

且，一旦眼部肌肤受损，恢复起来会更加困难。

【机遇转变】保护眼部肌肤，从现在开始！我们的眼霜专为年轻人设计，能有效对抗早期衰老迹象，提供必要的营养和保护，让你的眼睛始终保持明亮和活力。别等到问题出现才追悔莫及，现在就开始你的眼部护理之旅吧！

★填空式模板

即使你还年轻，＿＿＿＿＿也不容忽视，研究显示＿＿＿＿。

＿＿＿＿悄悄影响着每一个人，＿＿＿＿都在加速这一过程。

如果不早点关注，＿＿＿＿可能会迅速恶化，影响你的＿＿＿＿。

专为＿＿＿＿的你设计，提供＿＿＿＿和＿＿＿＿。

★模板解析

1. 你要告诉目标客户，这个痛苦是普遍存在的年龄带来的问题，哪怕目前还没有这个困扰，也不要抱有侥幸心理。文案中就是告诉客户眼部衰老是普遍现象，谁都逃不掉。

2. 接着告诉客户，这个问题很严重。当然文案也不要夸大其词，而是把客户忽略、缺乏认知而可能引发的后果展现给他看，让他明白问题的严重性。

3. 强调这类问题拖不得，越拖越严重，最好现在就抓住机会改变现状。

4. 对于年龄带来的痛点都可以用这个模板，然后再详细描述产品的功能即可。

5. 年龄问题，不仅仅体现在皮肤上，还有可能引发认知功能下降、社交圈缩小、财务压力增大、职业发展受阻等。

★AI快速创作

◎ 提示词

01. 请你写出××行业/领域，目前所面临的年龄痛点

02. 请你年龄越大，越可能造成的严重后果

03. 请你写出成××产品如何解决这类困难

04. 请你在文末呼吁用户趁早行动

根据产品特点，结合实际，套用上述提示词即可。

模板028：遇见痛点+感慨痛点+触发思考+促进改变

★写作公式

遇见痛点+感慨痛点+触发思考+促进改变

★举例说明

【遇见痛点】今天下班路上，我看到一位衣着褴褛的老人：弯着背、颤抖着双手，艰难地在垃圾桶里寻找空瓶子和废纸板。他的身旁，一个破旧的麻袋几乎和他一样高大，里面装满了他的"收获"。

【感慨痛点】这一幕深深触动了我。在这个本该享受宁静和舒适的年纪，他却不得不为了生存而挣扎。生活的残酷和不公，在这一刻显得尤为刺眼。

【触发思考】我现在还年轻，拥有更多的机会和选择。我必须更加努力地工作，学会理财，为自己未来的生活打下坚实的基础。毕竟，有些苦是注定要吃的，但为什么不选择在有能力的时候去面对它呢？

【促进改变】生活中的每一个小决定，都可能影响我们的未来。如果你渴望一个稳定而幸福的生活，理财无疑是关键的一环。为此，我真心推荐大家参加这个理财课程，让我们一起为明天打下坚实的基础。

★填空式模板

今天遇见＿＿＿＿＿＿＿＿＿＿＿＿＿＿＿＿＿＿＿＿＿＿＿＿＿＿

不禁感慨＿＿＿＿＿＿＿＿＿＿＿＿＿＿＿＿＿＿＿＿＿＿＿＿＿＿

我想，＿＿＿＿＿＿＿＿＿＿＿＿＿＿＿＿＿＿＿＿＿＿＿＿＿＿＿

如果你渴望一个稳定而幸福的生活，＿＿＿＿＿＿＿＿是关键的一环。

★模板解析

1. 生活中的点滴小事，就是人生的大事，平时多注意观察，随时记录，这些生活的痛点，最有代入感。

2. 明确指出了老人的困境，反映了社会中一部分人的生活现状，这种真实的痛点更容易引起关注。

3. 引导读者从自身角度出发，思考如何避免类似的困境，激发了他们的危机意识和行动力。

4. 利用故事来传递信息比单纯的事实陈述更能打动人心。故事中的角色和情节让信息更具象化和情感化。

5.通过描绘一个不希望出现的未来场景，营造紧迫感，促使观众立即采取行动。同时，明确推荐具体的避险课程，降低了决策的难度。

★AI快速创作

◎ 提示词

01. 请你写出××领域中常见的5个心酸场景

02. 请你写出这个现象背后深层次的社会问题或人生哲理

03. 请你写出如何做出改变才能避免这些心酸

04. 请你在其中巧妙的植入××产品

根据产品的特点，结合实际，套用上述提示词即可。

模板029：落后痛点+提升方法+类比说明+鼓励行动

★写作公式

落后痛点+提升方法+类比说明+鼓励行动

★举例说明

【落后痛点】每个家长都害怕孩子在学习上落后于人。看着别人家的孩子成绩优异，而自己孩子的成绩单却让人心寒。这种担忧和焦虑常常让家长们夜不能寐，担心孩子的未来。

【提升方法】为了帮助孩子快速提升成绩，我们推出了个性化学习提升计划。通过专业的教育顾问和定制化学习路径，我们帮助孩子找到学习的乐趣，激发他们的学习潜能。具体方法包括：

1.专业教育顾问评估：深入了解孩子的学习习惯和能力，找出他们的优势和不足。

2.定制化学习路径：根据评估结果，为每个孩子量身定制学习方案，确保他们在最适合自己的节奏中进步。

3.激发学习兴趣：通过多样化的教学方法和有趣的互动活动，让孩子爱上学习。

【类比说明】就像医生针对不同病人开具个性化处方，我们的教育顾问也会为孩子量身定制学习方案，对症下药。每个孩子都是独一无二的，他们需要的仅仅是标准化的教育，更需要个性化的关注和支持。

【鼓励行动】别再让孩子在学习的道路上独自摸索，选择我们的个性化学习提升计划，让我们一起见证孩子的成长和进步！

★填空式模板

每个人都害怕＿＿＿＿＿＿＿＿落后于人。

为了帮助孩子快速提升成绩，我们推出了，具体方法有：＿＿＿＿＿＿＿＿。

就像＿＿＿＿＿＿，能帮助你＿＿＿＿＿。

别再＿＿＿＿＿道路上独自摸索，选择我们的＿＿＿＿＿＿，让我们一起成长和进步。

★模板解析

1. 人类天生具有社会比较心理，无论大人还是小孩，都会不自觉地将自己与他人进行比较，这种比较容易引发焦虑和不安的痛点。

2. 我们从小就明白"落后就要挨打"的道理，这种落后会引发人们对未来的担忧，担心错失机会，进而影响整个人生轨迹。这种对未来的不确定促使人们寻求解决方案。

3. 自尊心和自信心是人类基本的心理需求，我们都不想被人看不起。抓住这个痛点，很容易让人想要改变现状，为此采取行动。

★AI快速创作

◎ 提示词

01. 描述××方面落后的担忧或恐惧

02. 简要概述解决方案，列举具体的实施步骤或特色服务

03. 找到一个恰当的类比对象，用于解释您的解决方案如何有效

04. 强调不要继续处于当前的不利状态。呼吁读者采取具体行动，利用您的解决方案

以职场领域例子，让AI参考上述提示词，写一段文案，见图37。

> 01.描述在职业发展上落后的担忧或恐惧
> 02.简要概述解决方案，列举具体的实施步骤或特色服务
> 03.找到一个恰当的类比对象，用于解释您的解决方案如何有效
> 04.强调不要继续处于当前的不利状态。呼吁读者采取具体行动，利用您的解决方案

职业发展文案示例

01. 描述在职业发展上落后的担忧或恐惧

担忧描述：
你是否时常感到自己在职业生涯中步步落后，看着同事们一个个晋升加薪，而自己却停滞不前？那种被时代抛弃的恐惧，是否让你夜不能寐，担心自己的未来一片迷茫？

02. 简要概述解决方案，列举具体的实施步骤或特色服务。

解决方案概述：
为了帮助你打破职业发展的僵局，我们推出了"职场飞跃计划"。该计划将通过以下步骤助你一臂之力：

- 职业测评：全面评估你的职业技能和潜力。

- 个性化规划：根据评估结果，为你量身定制职业发展蓝图。

- 技能提升课程：提供针对性的培训课程，强化你的核心竞争力。

- 实战模拟：模拟真实工作场景，提升你的应变能力和实战经验。

03. 找到一个恰当的类比对象，用于解释您的解决方案如何有效。

类比说明：
想象一下，职业发展就像一场马拉松比赛。每个人都在奋力奔跑，但并非所有人都能坚持到最后。我们的"职场飞跃计划"就像一位专业的教练，为你提供科学的训练计划和营养指导，确保你在比赛中始终保持最佳状态，最终成功冲线。

04. 强调不要继续处于当前的不利状态。呼吁读者采取具体行动，利用您的解决方案。

鼓励行动：
别再让自己的职业生涯在犹豫和等待中流逝。立即加入我们的"职场飞跃计划"，让我们携手共创美好未来。记住，每一个积极的行动都是迈向成功的关键一步！

通过以上四个部分的详细阐述，这份文案不仅深刻触及了职业发展的痛点，还提供了具体可行的解决方案，并通过生动的类比增强了说服力，最后以强有力的呼吁行动结束，激发读者的行动意愿。

图 37

模板030：健康痛点+引发后果+解决方法

★写作公式

健康痛点+引发后果+解决方法

★举例说明

【健康痛点】得了灰指甲

【引发后果】一个传染俩

【解决方法】"问我怎么办？马上用亮甲"

★填空式模板

得了＿＿＿＿＿＿（健康问题）

会带来＿＿＿＿＿＿＿＿（严重后果）

问我怎么办？马上用＿＿＿＿＿＿＿＿（解决方法，产品植入）

★模板解析

1. 上述是亮甲的销售文案，想必大家都不陌生。核心就是抓住健康痛点展开。

2. 锁定各类精准人群所面临的健康问题来描写，把产品升华为解决健康问题，更容易植入人心。例如："怕上火喝王老吉"，把饮料升上为解决"上火的问题"；营养快线这款饮品，广告商把它定义为"解决没时间吃营销早餐的问题"；脉动饮料，定义为解决"注意力涣散"的问题，喝脉动，可以随时让你精力脉动回来。将产品与解决具体问题直接关联，有助于在消费者心中建立强烈的认知关联，从而提高产品的购买意愿。

3. 通过强调这是对健康的投资，而不是消费，减少了消费者的负罪感，鼓励他们下单。

★AI快速创作

◎ 提示词

01. 描述××人群，可能会遇见的健康问题

02. 描述如果不重视，会带来的严重后果

03. 简要概述××产品，如何解决这些问题

根据实际的产品特征，套用上述提示词即可。

本节的10个模板，核心在于精准戳中人心的痛处，你可以借鉴这些模板，深入挖掘更多潜在的痛点，运用同样的策略和AI提示词，创作出更多具吸引力和成交力的文案。

尽管痛点成交法广为人知，但很多人写出的文案却没有吸引力。99%的问题

在于：痛点没有抓准，停留在表面不痛不痒的点上。

记住：抓住真痛点，用户才愿意真付费！

找痛点的方法：

首先，识别出用户面临的一个核心问题。接着，深入思考：如果这个问题得不到解决，将会引发哪些连锁反应？继续沿着这个思路层层递进，每一步都探究新产生的问题。在这个过程中，记录下每一个关键词，你会发现痛点逐渐变得更加具体。

通过不断练习，你会变得越来越熟练，挖掘的深度也会不断增加。痛点越深，文案越有力量。

第4节　对比反差式文案成交

对比像是一种魔咒，让人们不自觉地陷入其中。

在文案创作中，巧妙运用对比，能够显著提升成交效果。

当消费者面临多种产品选择时，常常会陷入纠结。比如，A产品质量上乘但价格偏高，B产品价格合理但售后服务欠佳，C产品各方面表现均衡但品牌知名度不足。这种情况下，消费者犹豫不决，最终可能选择放弃购买。

协助用户作出决定，降低比较成本，便能迅速提高成交率。

此外，对比手法还能使文案更加突出和引人注目，触动消费者的情感，引发共鸣，从而加深他们对产品的印象。

俗话说："没有对比，就没有伤害。"即便在销售团队内部，运用对比方式也能促进成员间的竞争，激发个人潜力与动力，进而提升整体销售业绩。

由此可见，人们对对比的敏感度之高。

对比，助力文案成交！

模板031：过去方法+现在方法+结果对比+产品展示

★写作公式

过去方法+现在方法+结果对比+产品展示

★举例说明

【过去方法】在过去，写作是一项烦琐且耗时的任务。我们需要手动搜集资料，然后不停地敲打键盘才能输出一字一句。即使经过长时间的辛勤工作，最终的成品也可能是逻辑混乱或缺乏创意而达不到预期效果。

【现在方法】现在，有了AI写作助手的帮助，写作变得简单高效。只需输入一个主题或关键词，AI就能迅速生成结构完整、内容丰富的初稿。它不仅能自动优化语言表达，还能根据上下文逻辑进行调整，甚至提供创意点子和灵感来源。

【结果对比】过去，花费5~6小时甚至1~2天的时间来完成一篇文章；而现在，借助AI的力量，我们只需短短10分钟，就能得到一份高质量的文稿。大大节省了时间成本，还提高了写作质量。

【产品展示】以我们的AI写作助手为例，它能够智能分析用户需求，并生成符合要求的文章。无论是新闻报道、商业文案还是个人博客，AI都能轻松应对，为用户带来前所未有的写作体验。

★填空式模板

在过去，传统的_____，烦琐且耗时，需要_____。

现在，有了_____的帮助，变得前所未有的简单高效，只需要_____。

对比_____，现在的××产品，效率大增，可以节省_____%的时间，提升_____%的成交率/效率。

它满足_____，也能_____。

★模板解析

1. 通过这种过去与现在的鲜明对比，我们可以清晰地看到新技术/新工具带来的巨大便利和优势。

2. 强调了过去写作耗时与现在快速高效之间的对比，直接击中了用户对时间效率的需求痛点。

3. 不仅提到了时间的节省，还强调了写作质量的显著提高，这为用户提供了双重价值。

4. 通过提及"新闻报道、商业文案还是个人博客"等多种应用场景，展示了产品的广泛适用性。

5. 通过"过去现在对比"+"结果对比"+"效率对比"+"适用广泛性对比"，多维度呈现产品。让用户觉得这款产品很值。

★AI快速创作

◎ 提示词

01. 请你描述传统××产品的烦琐、耗时和低效

02. 强调××产品的快速、高效和质量提升。使用动词如"加速""优化""提升"

03. 强调××产品的广泛适用性

04. 描述用户可能会产生的心理转变。多使用情感词汇，如"轻松""愉悦""解脱"

05. 提供具体的数据或案例来支持文案中的声明。例如："节省了50%的时间"

我们来用上述提示词，写一篇关于榨汁机的文案，效果见图38。

01.请你描述传统榨汁机产品的繁琐、耗时和低效
02.强调新型榨汁机的快速、高效和质量提升。使用动词如"加速"、"优化"、"提升"
03.强调榨汁机产品的广泛适用性
04.描述用户可能会产生的心理转变。多使用情感词汇，如"轻松"、"愉悦"、"解脱"
05.提供具体的数据或案例来支持文案中的声明。例如："节省了50%的时间"

01. 传统榨汁机产品的繁琐、耗时和低效

传统榨汁机在使用过程中常常让人感到繁琐和耗时。首先，准备工作就需要花费大量时间：清洗水果、切块、放入榨汁机，每一步都需要细心操作。榨汁过程本身也往往需要较长时间，尤其是当处理大量食材时，效率更是低下。此外，传统榨汁机的出汁率不高，许多营养成分和纤维素被浪费在果渣中，导致最终的果汁质量和口感都不尽如人意。用户在使用过程中常常感到疲惫和无奈，尤其是在忙碌的生活中，这种繁琐的操作让人倍感压力。

02. 强调新型榨汁机的快速、高效和质量提升

现代榨汁机彻底改变了这一局面。它通过先进的机械设计和高效的电机，显著加速了榨汁过程。只需轻轻一按，机器便能在几分钟内完成以往需要花费数倍时间的工作。优化后的过滤系统不仅提高了出汁率，还确保了果汁的纯净和口感。通过这种方式，榨汁机不仅提升了工作效率，还大幅提高了果汁的质量和营养价值，让用户享受到更加健康和美味的饮品。

03. 强调榨汁机产品的广泛适用性

这款榨汁机适用于各种家庭和个人需求。无论是小型公寓还是大型厨房，它都能完美融入其中。它的多功能设计使其能够处理从软质水果到硬质蔬菜的各种食材，满足不同用户的多样化需求。无论是日常的健康饮品制作，还是朋友聚会的饮品供应，这款榨汁机都能轻松应对，展现出其广泛的适用性和实用性。

04. 描述用户可能会产生的心理转变

使用这款榨汁机后，用户的心理状态会发生显著的积极变化。曾经繁琐的榨汁任务变得轻松愉快，用户在准备和享用果汁的过程中感受到前所未有的愉悦和解脱。不再需要花费大量时间和精力去处理繁琐的步骤，用户可以在短时间内享受到新鲜健康的饮品，这种便捷性带来了极大的满足感和幸福感。

05. 提供具体的数据或案例来支持文案中的声明

例如，一位用户在使用这款榨汁机后表示："以前我需要花30分钟准备和榨汁，现在只需要10分钟，节省了67%的时间！"另一位用户则提到："出汁率提高了约40%，果汁更加浓郁，口感也更好了。"这些真实的反馈不仅验证了榨汁机的快速、高效和质量提升，也展示了它在实际使用中的巨大优势。

图 38

模板032：价格对比+性价比高+功能不减+小小不足+事半功倍

★写作公式

价格对比+性价比高+功能不减+小小不足+事半功倍

★举例说明

【价格对比】市场上，高端品牌的行李箱动辄数百甚至上千元，而我们的行李箱系列定价更为亲民。市面上，一款高端品牌的行李箱最低标价也需300元，而我们的同类产品仅需150元。

【性价比高】这种价格差异并不意味着质量的妥协。

【功能不减】对比这两款行李箱，在耐用性、容量和便携性上并没有逊色：同样采用高强度ABS材质，抗冲击能力强；内部结构设计合理，分区明确，便于分类存放物品；四轮旋转设计使得推行更加轻松自如。

【小小不足】当然，我们也不得不承认，我们的产品不是完美的。在某些细微的设计元素上，不如高端品牌那么个性化，但这一点点的小小不足，性能和实惠的价格可以弥补。

【事半功倍】让消费者能够以更低的成本享受到高品质的旅行体验。无论是商务出差还是休闲度假，它都能完美融入您的旅行装备中，真正实现了"花小钱办大事"。

★填空式模板

市场上，同类产品在定价可能高达＿＿＿＿＿＿，而我们的同类产品仅需＿＿＿＿＿＿。

这种价格差异并不意味着＿＿＿＿＿的妥协。我们的产品在＿＿＿＿＿和＿＿＿＿＿上同样出色。

对比这两款，采用＿＿＿＿＿，便于＿＿＿＿＿。

当然，我们也不得不承认，我们的产品不是完美的。可能在某些细微的＿＿＿＿＿上，不如＿＿＿＿，但这一点点的小小不足，＿＿＿＿＿可以弥补。

让消费者能够以更低的成本享受到高品质的体验。无论是＿＿＿＿＿还是＿＿＿＿＿，真正实现了"花小钱办大事"。

★模板解析

1. 通过对比市场上同类产品的价格，突出自家产品的亲民定价，直接击中用户对价格的敏感点。

2. 强调尽管价格较低，但质量和功能并未受到影响，甚至在某些方面更具优势，提升用户对产品的信心。

3. 详细描述产品的耐用性、容量和便携性等关键功能，用具体材料和设计特点来支撑，增强说服力。

4. 坦诚承认产品的小缺点，这个缺点一定只是无伤大雅的，然后迅速用产品的整体优势和性价比来弥补这一不足，显得更加真实可信。

5. 强调用户可以通过较低的成本获得高品质的使用体验，满足不同场合的需求，强化购买的动机。

★AI快速创作

◎ 提示词

01. 请你描述××产品的价格，比一般同类产品价位低20%

02. 强调产品价格较低，但质量和功能并未受到影响

03. 强调××产品在××上的优势，例如：功能性、材质、附加价值等优势

04. 描述××产品存在××缺点，突出这个缺点不伤大雅，是为了给大家省钱

05. 描写这款产品是花小钱办大事

以写充电宝营销文案为例，效果见图39。

> 01.请你描述A充电宝的价格，比一般同类产品价位低20%
> 02.强调充电宝价格较低，但质量和功能并未受到影响
> 03.强调充电宝在上的优势，例如：功能性、材质、附加价值等优势
> 04.描述产品存在的缺点，突出这个缺点不伤大雅，是为了给大家省钱
> 05.描写这款产品是花小钱办大事

01. A充电宝的价格描述

A充电宝的价格相较于市场上同类产品低约20%。例如，一般同类产品的市场均价可能在100元左右，而A充电宝的定价则在80元左右，为用户节省了一定的开支。

02. 充电宝价格较低但质量功能不变

尽管A充电宝的价格较低，但其质量和功能并未受到影响。我们采用了高品质的材料和先进的技术，确保充电宝的耐用性和充电效率。无论是出差、旅行还是日常使用，A充电宝都能提供稳定可靠的电力支持。

03. 充电宝的优势描述

A充电宝不仅在价格上具有优势，在功能和使用体验上也表现出色。它具备快速充电技术，能够在短时间内为设备充满电量。此外，我们还特别注重用户的安全，配备了多重保护机制，防止过充、过放和短路等问题，确保充电过程的安全可靠。

04. 产品存在的缺点描述

当然，我们也必须坦诚地指出A充电宝的一个小缺点：在外观设计上可能不如某些高端品牌那么精致。然而，这个小小的不足完全是为了给大家省钱。我们更注重产品的性价比，力求让每一位用户都能以较低的价格享受到高品质的充电体验。

05. 这款产品是花小钱办大事

总的来说，A充电宝是一款真正意义上"花小钱办大事"的产品。它不仅价格实惠，而且在质量和功能上表现出色，能够满足用户的各种充电需求。选择A充电宝，您不仅能节省开支，还能享受到便捷可靠的电力支持，真正实现高性价比的消费体验。

图 39

模板033：服务对比+省心对比+投资价值+长期回报

★写作公式

服务对比+省心对比+投资价值+长期回报

★举例说明

【服务对比】在家政服务市场，服务人员素质参差不齐，导致服务质量不稳定。而在我们的专业家政服务平台，为客户提供标准化、高素质的服务团队，确保每一次服务都能达到客户的期望。

【省心对比】选择我们的服务，客户们无须再为烦琐的沟通和服务质量问题

烦恼。我们的智能系统会无缝处理从预约到服务完成的每一个环节，自动为您匹配最合适的服务人员，并实时同步服务进度。您不仅能享受到优质服务，还能拥有更多的时间和精力去享受生活的美好。

【投资价值】虽然我们的服务费用可能略高于市场平均水平，但值得为这份省心和时间付费。因为我们提供的不仅仅是服务，更是一种高效、便捷的生活方式。

【长期回报】我们一起算一笔长远的账。频繁的沟通成本、情绪损耗，以及不断重复的消费，这些隐形的支出往往远超您的预期。选择我们的服务，能节省下大量的中间环节费用，整体来看反而是省钱。

★填空式模板

在_____市场，客户们常常需要面对_____。导致_____不稳定。而我们提供_____。

选择我们的服务，客户们无须担心_____，从_____到_____，我们的系统会自动_____，让客户_____。

虽然我们的服务费用可能略高于_____，但值得为这份省心和时间付费。因为我们提供的不仅仅是服务，更是一种_____。

长远来看，客户们会发现这份投资是非常_____的。不仅_____，还能享受到_____，整体来看反而是省钱。

★模板解析

1. 文案使用了三个方面的对比，服务对比突出了专业性和质量的稳定性；省心对比强调了便捷性和减少麻烦；价格对比则是从经济角度出发，展示了长期投资的价值。这种多维度的对比策略构建了全面的优势。

2. 现代社会中，人们更加重视时间和效率。文案通过强调服务的效率和安心，直接回应了这一群体的核心需求。这种定位增强了客户的购买意愿。

3. 通过强调服务的高标准，将服务本身转化为了一种提升生活品质的工具。这种价值重塑使得客户更愿意为服务买单。

4. 成功的营销文案往往能够同时触动客户的情感和理性。在本文案中，情感上的吸引力来自对"享受生活的美好"的承诺，而理性上的吸引力则来自对长期经济效益的计算。这种双重驱动策略使得客户在感性和理性层面都得到了满足。

★AI快速创作

◎ 提示词

01. 列举客户在××市场中常遇到的问题和挑战

02. 阐述您的产品或服务如何解决这些痛点

03. 描述从开始到结束的服务流程，特别是您如何简化这一流程

04. 强调您的产品或服务的独特优势和特点

05. 提及您的服务费用相对较高，并解释为什么客户应该为此付费

06. 描述客户选择您的服务后长期来看会获得的好处

基于以上提示词，让AI来写一篇智能家居市场的文案，效果见图40。

基于您给出的六个关键点，以下是一篇关于智能家居服务的稿子：

智能家居市场的挑战

在智能家居市场，客户们面临的挑战多种多样。首先，产品的兼容性是一个大问题，不同品牌、型号的设备往往难以协同工作。其次，安装和设置过程复杂，许多用户需要专业的指导才能完成。再者，随着技术的快速发展，客户担心自己的设备会迅速过时。

我们的解决方案

我们的智能家居服务致力于解决这些痛点。我们提供全面的设备兼容性解决方案，确保各种品牌和型号的设备都能无缝集成。我们的专业团队会为客户进行简化的安装和设置，确保一切顺利进行。此外，我们还提供持续的软件更新和技术支持，帮助客户跟上技术发展的步伐。

服务流程

我们的服务流程从需求咨询开始，客户只需在线描述他们的需求，我们的专家会推荐最合适的产品组合。接下来，我们的专业团队会进行安装和设置，客户只需几次点击就能激活和控制整个系统。我们简化了整个流程，让客户轻松享受智能家居的便利。

独特优势

我们的服务具有多项独特优势。首先，我们的用户界面设计直观易用，客户可以轻松进行个性化设置。其次，我们的设备采用最新的节能技术，不仅提升了居住舒适度，还降低了长期能源消耗。最后，我们的专业团队提供全方位的技术支持，确保客户无忧使用。

服务费用与价值

虽然我们的服务费用可能高于市场平均水平，但客户所支付的每一分钱都物有所值。我们的专业服务确保了系统的稳定性和安全性，减少了客户自行解决技术问题所需的时间和金钱。此外，我们的长期维护服务保证了设备的长久运行和性能。

长期收益

选择我们的智能家居服务，客户将获得长期的收益。首先，他们将享受到持续的技术支持和系统升级，确保他们的家居始终保持最先进的状态。其次，通过节能设备和优化的生活空间，客户不仅能节省能源费用，还能提升生活质量和居住环境的舒适度。

图40

模板034：数量对比+均摊对比+日常消费类比

★写作公式

数量对比+均摊对比+日常消费类比

★举例说明

【数量对比】在新媒体领域，许多课程标价68元、98元、138元，而我们的课程定价299元，初看似乎较高。但我们的课程涵盖了选题策划、专业编辑、精准营销到精美排版的全方位技能。一次性提供完整的90节课，市场上鲜有如此全面的课程。

【均摊对比】总价299元，均摊下来每天只需×元，您就能享受持续的专业成长。这样的性价比，无疑是对您时间的最大尊重。

【日常消费类比】少吃一顿海底捞，少看一场无意义的电影，将这些转化为投资自己，让每一分钱都投入在了实实在在的知识传授上。

★填空式模板

在_____市场，许多产品的价格仅为_____，而我们的产品定价_____。初看似乎较高。但我们的产品提供了_____，市场上鲜有如此全面的_____。

总价_____元，均摊下来每天只需_____元，您就能享受持续的_____。

少吃一顿_____，少看一场_____，将这些转化为投资自己，换取一个_____。

★模板解析

1. 通过列出市场上的常见价格点，强调自身全面性，通过"数量对比"，弥补了价格上的差距，传递出"一分价钱一分货"的信息。

2. 通过均摊每节课的成本，让客户更容易理解和接受价格，减少了心理上的抵触感。这是非常典型的销售技巧，可能很多人都听过，但实际用的时候常常忘记。

3. 通过日常生活中的常见消费进行类比，使抽象的价格变得具体且易于接受。强调了产品带来的长远收益，激发了客户的购买动机。

4. 这个模板，也是通过多方位的对比，来体现产品的性价比，当客户对价位有犹豫的时候，这一套文案可以随时套用。

★AI快速创作

◎ 提示词

01.详细描述××产品或服务的独特卖点和全面性

02.产品总价格××，请你计算出均摊到每天或每次使用的成本

03.说明客户通过使用您的产品或服务能够获得的持续收益或成长

04.列举两个日常生活中常见的消费活动，用于类比说明

05.描述客户通过投资您的产品或服务能够实现的长远目标或改变

模板035：多样性+简化三类+对比优劣+任君选择

★写作公式

多样性+简化三类+对比优劣+任君选择

★举例说明

【多样性】沙发的款式和材质有成千上万种，从古典优雅到现代简约，从皮革到织物，每一款沙发都有其独特的魅力和故事。很多客户都挑花眼了，找到一款合适的沙发似乎成了一项挑战。

【简化三类】不用担心，我们精心挑选了三类最受欢迎的沙发款式：经典款、现代款和舒适款。每一款都是经过市场考验，深受消费者喜爱的选择。

【对比优劣】

经典款：它代表着永恒的美学，适合追求传统和舒适的您。耐用且易于搭配，但可能在设计上略显保守。

现代款：以其独特的线条和创新的设计吸引眼球，适合追求时尚潮流的您。可能价格稍高，但绝对物超所值。

舒适款：首要考虑的是坐感的极致享受，适合重视实用性和舒适度的您。可能在样式上不那么多样化，但绝对能让您坐得舒服。

【任君选择】每款沙发都有其独到之处，最终的选择应该基于您的个人品位和家庭需求。无论您是想要一个温馨的港湾，还是一个时尚的生活空间，或是简单的休息角落，我们的沙发都能满足您的期待。

欢迎来店体验，找到最适合您的那一款沙发！

★填空式模板

××产品的款式和材质有成千上万种，从＿＿＿＿到＿＿＿＿，从＿＿＿＿到＿＿＿，找到一款合适的产品似乎成了一项挑战。

不用担心，我们精心挑选了三类最受欢迎的产品款式：＿＿＿、＿＿＿、＿＿＿。

××款：它代表着，＿＿＿＿，但可能在＿＿＿＿上略显＿＿＿。

××款：它代表着，＿＿＿＿，但可能在＿＿＿＿上略显＿＿＿。

××款：它代表着，＿＿＿＿，但可能在＿＿＿＿上略显＿＿＿。

每款产品都有其独到之处，无论您是想要＿＿＿，还是＿＿＿，我们的产品都能满足您的期待。

欢迎来找我咨询！找到最适合您的那一款产品！

★模板解析

1. 人们很怕麻烦，购买产品时选择太多，也会觉得痛苦。正如西奥迪尼在《影响力》这本书中所写："我们在日常判断中会使用大量心理捷径，这些捷径叫作'启发式判断'。哪怕是短短的一天当中遇到的每一个人、每一件事，我们也不可能把与之相关的方方面面都辨识、分析出来。我们做不到，因为我们没有足够的时间、精力和能力。相反，我们必须频繁地利用范式和首选经验，根据少数关键特征把事情分类，一碰到这样或那样的触发特征，就不假思索地做出反应。"

2. 在文案中，将成千上万的选择简化为三类最受欢迎的款式，大大减少了客户的决策压力。这种简化策略使信息更易于消化，帮助客户快速聚焦。一旦提供了清晰的路径，他们就能够更容易地比较和选择，从而推动他们购买。

3. 紧接着介绍产品的特点，帮助客户理解每种款式的价值所在。这种透明的对比增加了可信度。让用户觉得你不是在盲目推荐。

4. 最后强调"任君选择"，赋予了客户一种自主权，让客户感觉到选择是完全基于他们自己的需求和喜好。毕竟没人愿意被人牵着鼻子走。

★AI快速创作

◎ 提示词

01. 一句话描述××产品种类居多

02. 将其分成三大类，写出具体的款式名称

03. 指出每个款式的优点和一个潜在不足

04. 描述不同场景，需要不同类型产品

05. 鼓励客户进行实际体验的句子

基于以上提示词，让AI来写一篇关于月饼文案，效果见图41。

01. 一句话描述月饼种类居多

月饼市场琳琅满目，从经典传承到创新口味，再到健康选择，种类繁多，令人目不暇接。

02. 将其归纳为主要的三大类

- 经典传承类

- 创新口味类

- 健康轻食类

03. 指出每个款式的优点和一个潜在的不足

- 经典传承类
  - 优点：传统风味浓郁，文化底蕴深厚，适合节日氛围。
  - 潜在不足：可能较为甜腻，不太适合现代人的健康饮食需求。
- 创新口味类
  - 优点：新颖独特，满足个性化需求，适合年轻人群体。
  - 潜在不足：部分口味可能不够稳定，接受度因人而异。
- 健康轻食类
  - 优点：低糖低脂，注重营养健康，适合特殊需求人群。
  - 潜在不足：口感可能相对单一，缺乏传统月饼的丰富层次感。

04. 描述不同场景，需要不同月饼

- 家庭团聚：经典传承类月饼更能唤起家庭成员的共同回忆，增进亲情。
- 商务馈赠：创新口味类月饼或豪华礼盒装更能体现尊重与诚意，彰显品味。
- 朋友聚会：健康轻食类月饼适合注重健康的年轻人群，分享健康生活理念。
- 节日庆典：经典传承类月饼增添喜庆氛围，适合大型庆典活动。

05. 鼓励客户进行实际体验的句子

"不妨亲口尝试我们的各式月饼，感受不同风味的魅力，找到最适合您心意的那一款吧！"

图41

模板036：不同形式+不同结果+情绪冲突+悄悄行动+为你准备

★写作公式

不同形式+不同结果+情绪冲突+悄悄行动+为你准备

★举例说明

【不同形式+不同结果】每个时代，都会重重犒赏热爱学习的人，这个世界，在残酷惩罚不改变的人。

我，从不读书，无知、无聊、像个透明人；那些有阅读习惯的人，他们的一小时，就是我的一生。

【情绪冲突】"我害怕阅读的人。一跟他们谈话，我就像一个透明的人，苍白的脑袋无法隐藏。

"我害怕阅读的人。当他们阅读时，脸就藏匿在书后面。书一放下，就以贵族王者的形象在我面前闪耀。举手投足都是自在风采。

"让我明白了，阅读不只是知识，更是魔力。他们是懂美学的牛顿。懂人类学的梵谷。懂孙子兵法的甘地。血液里充满答案，越来越少的问题能让他们恐惧。仿佛站在巨人的肩膀上，习惯俯视一切。那自信从容，是这世上最好看的一张脸。"

【悄悄行动】想到这些，我赶紧下单了两本书来压压惊。

【为你准备】我已经为你准备了一套个人成长类书籍，点击下方链接，即可挑选。

★填空式模板

每个时代，都会重重犒赏_____的人，这个世界，在残酷惩罚_____的人。

我不行动_____，会_____；那些行动的人_____，会_____。

我害怕_____的人。一跟他们相比，我就像_____我害怕_____的人。当他们_____时，举手投足都是自信风采。

让我明白了，_____。

想到这些，我赶紧_____。

我已经为你准备了一套_____类书籍，点击下方链接，即可_____。

★模板解析

1. 上述文案来自奥美广告公司为天下文化出版公司创作的文案《我害怕阅读的人》中的片段。

2. 采用"不同形式+不同结果"的强烈对比，一方面向读者传递读书之后的正面情绪；另一方面向读者传递不读书会产生的负面情绪。让客户的大脑接受强烈的信息冲击，最终意识到学习与改变的重要性。

3. 通过两种情绪的强烈对比，使得文案更加有冲击力，从而更易于接受其倡导的观点。

4. 在文案的结尾部分，描述自己因受启发而"赶紧下单了两本书来压压惊"的行为，为读者提供了一个具体的行动参照。这种"悄悄行动"的策略既显得自然，又具有很强的示范性和带动性，引导用户跟随作者的步伐，采取类似的行动，从而实现了营销目的。

★AI快速创作

◎ 提示词

01. 强调每个时代对热爱××的人的奖励，以及对不改变的人的惩罚

02. 对比行动与不行动带来的不同人生体验和结果

03. 描述热爱××的人，如同拥有魔力一般吸引人

04. 突出自己已经在悄悄行动了

05. 提供具体的产品推荐或购买链接

根据这些关键词既可快速写一套文案，又可以直接将【填空式模板】投喂给AI，以健身为例，来看一下效果，见图42。

示例填充（以"健康"领域为例）

【领域特定形式+领域特定结果】：
在健康领域，每个时代都会重重犒赏注重养生的人，这个世界，在残酷惩罚忽视健康的人。
我不锻炼，虚弱，疲惫，像个病秧子；那些注重健康的人，他们的活力，就是我的梦想。

【情绪冲突】：
我害怕健身的人。一跟他们相比，我就像一个无力的人，虚弱无法隐藏。
我害怕健身的人。当他们锻炼时，汗水就藏匿在笑容后面。汗一擦干，就以健康活力的形象在我面前闪耀。举手投足都是自信风采。
他们让我明白了，健康不只是身体，更是生活的态度。他们是懂营养学的专家。懂运动的教练。懂心理健康的顾问。生活中充满活力，越来越少的疾病能让他们勇往直前。彷佛站在身体的巅峰上，习惯俯瞰一切。健康，是这世上最好看的颜色。

【悄悄行动】：想到这些，我赶紧报名参加了健身课程来提升自己。

【为你准备】：我已经为你准备了一套健康生活指南，点击下方链接，即可开始您的健康之旅。

通过这种方式，您可以根据不同的领域和需求，灵活运用模板来创作具有针对性的文案。

图42

　　这篇文案仅用2分钟便由AI创作完成，效果令人惊艳。许多资深文案撰写者都难以达到这样的水平，但只要掌握了文案的底层逻辑，并熟练运用AI工具仿写，就能迅速实现高效创作。

模板037：取得成绩+参照物类比+倍数/比例+强调效果

★写作公式

取得成绩+参照物类比+倍数/比例+强调效果

★举例说明

　　【取得成绩】我们策划了一场图书营销活动，一本书的销量达到了10万册。

　　【参照物类比】一般当地最大的书店，一年售书量为5万册。

　　【倍数/比例】这本书的销量达到了10万册，相当于当地最大书店两年的销售总量。

　　【强调效果】我们的专业营销打法，已经帮助众多合作伙伴实现了成交量的飞速增长，现在，就让我们一起携手，书写下一个销售传奇吧！

★填空式模板

我们策划了一场_____活动，达到了_____。

一般_____，为_____。

这_____，相当于_____的_____（倍数/总量）。

我们的_____，我们已经帮助_____实现了_____，现在，就让我们一起_____吧！

★模板解析

1. 小马宋在一次演讲中提到，他的一篇文案被转发300万次。我听完后，只觉得这是一个爆款。但后面他用了一个类比法，瞬间让我意识到"300万次"是什么概念。

他说："转发300万次是什么意思呢？就是王菲离婚的热搜微博只被转发了100万次，我们比微博热搜词条还要狠三倍。"这句话一出，我立刻觉得震撼无比。

2. 上述例子，就是模仿小马宋的写法。我们在写文案的时候，找一个大家熟知的参照物做类比，会让你的文案瞬间穿透人心。

3. 通过具体的参照物和倍数/比例，将抽象的成绩转化为具象的概念，使读者更容易理解和接受。

这一套对比的锚定策略，被不少商家使用，每次效果都很好。

★AI快速创作

这里可以用两套提示词，写出不同的效果。

◎ 提示词①

01. 请你找到一个大家熟知且与××产品相关的参照物

02. 请你计算倍数/比例，通过计算目标概念与××产品的倍数或比例关系，使其更直观易懂

03. 用简单明了的语言解释这个倍数或比例的意义，帮助读者更好地理解

04. 请你写出它们能带来什么价值

05. 强调产品的性价比

◎ 提示词②

01. 请你把××产品具象化，找到3个大家熟知且与××产品相关的参照物

02. 请你按照"××产品，相当于一个××＋一个××＋一个××"这样的类

比法来描述

03. 请你写出它们能带来什么价值

04. 强调××产品的性价比

以宣传一款牛乳面包为例，来看一下效果，见图43。

牛乳面包的营养价值具象化

一个牛乳面包，约等于：

- 1杯牛奶：提供了丰富的钙质和维生素D，有助于骨骼健康。

- 一个鸡蛋：富含优质蛋白质和必需氨基酸，支持肌肉生长和修复。

- 一小把坚果：含有健康的脂肪、纤维和多种维生素，有助于心脏健康。

- 一片全麦面包：提供复合碳水化合物和膳食纤维，有助于维持血糖稳定。

- 一份新鲜水果：富含维生素、矿物质和抗氧化剂，增强免疫力。

图 43

模板038：三个同款产品对比+折中劝导+直接劝导

★写作公式

三个同款产品对比+折中劝导+直接劝导

★举例说明

【三个同款产品对比】我们店里有三种品牌的运动鞋可供选择：

品牌A的运动鞋，价格低廉，但舒适度和耐用性会略微差一些。

品牌B的运动鞋，中等价位，性能均衡，设计和舒适度适中。

品牌C的运动鞋，价格较高，采用顶级材料，设计独特，舒适度和耐用性极佳。

【折中劝导】如果按照性价比来说，品牌B的运动鞋是最理想的选择。它价位合理，还在性能、设计和舒适度上达到了完美的平衡。虽然设计上比较中规中矩，但穿运动鞋最重要的是舒适度。我们的许多顾客都反馈说，自从我换了品牌B的运动鞋，每次跑步都变得轻松愉快，再也没有出现过脚痛的情况。

【直接劝导】选择品牌B的运动鞋，你既能享受到高品质的运动体验，又不会感到经济负担过重。

★填空式模板

我们店里有三种_____可供选择：

A产品，价格低廉，但_____。

B产品，中等价位，性能均衡_____。

C产品，价格较高，采用_____。

如果按照性价比来说，产品B是最理想的选择。它价位合理，还在_____达到了完美的平衡。

选择产品B，你既能享受到_____，又不会感到经济负担过重。

★模板解析

1. 利用了对比效应。通过设置一个高价"托儿"和一个低价"托儿"，可以让目标产品的价格显得更加合理和吸引人。这种策略可以让消费者在心理上感觉赚到了，即使这个产品的实际价格并没有变化。

2. 人人都会不自觉地陷入"折中效应"中。折中效应是指当消费者面对多个选项时，他们倾向于选择中间选项，因为它看起来不是最极端、最冒险的选择。这种心理现象可以帮助营销者通过设置一个或多个极端选项来推动消费者选择中间选项。

3. 最后，直接引导用户去购买中间产品，减少了消费者的决策压力，实现成交。

★AI快速创作

◎ 提示词

01. 明确列出三种同款产品的优缺点，帮助消费者快速理解各选项的特点

02. 强调了品牌B在性价比上的优势，利用折中效应引导消费者选择

03. 简洁明了地指出了选择品牌B的好处，增强了说服力

以宣传一款书包为例，见图44。

请你为一款书包写一个营销文案：

01.明确列出同款三种书包的优缺点，帮助消费者快速理解各选项的特点
02.强调了品牌B在性价比上的优势，利用折中效应引导消费者选择
03.简洁明了地指出了选择品牌B的好处，增强了说服力

【书包选购指南】

面对市场上琳琅满目的书包款式，我们精选了三款备受好评的品牌供您参考：

品牌A书包

- 优点：价格亲民，适合预算有限的学生群体。
- 缺点：材质较为普通，耐用性和舒适度可能稍逊一筹。

品牌B书包

- 优点：中等价位，采用优质材料，设计时尚且实用，承重力强，舒适度高。
- 缺点：可能在某些极致设计元素上略显保守。

品牌C书包

- 优点：高端品质，采用顶级材料，设计独特，彰显个性。
- 缺点：价格较高，对于日常使用可能有些大材小用。

【性价比之选——品牌B书包】

在性价比的考量上，品牌B书包无疑是您的最佳选择。它不仅价格合理，而且在材质、设计和舒适度上都达到了一个完美的平衡点。虽然在外观设计上可能不如品牌C那般炫目，但书包的本质在于实用性与时尚感的融合，而非单纯的炫耀。

选择品牌B书包，意味着您既能享受到高品质的使用体验，又能避免不必要的开支。我们的顾客普遍反映，品牌B书包不仅耐用，而且背起来非常舒适，无论是上学还是旅行，都能成为您的好伙伴。

【果断选择品牌B的理由】

- 高性价比：物超所值，满足您的所有基本需求。
- 优良材质：确保耐用性和舒适度。
- 实用设计：既美观又实用，适合各种场合。

别再犹豫了，选择品牌B书包，让您的每一次出行都更加轻松愉快！

图44

模板039：效率对比+痛点对比+引导下单

★写作公式

效率对比+痛点对比+引导下单

★举例说明

【效率对比】苦练写作10年，不如用AI辅助写作10分钟。

【痛点对比】你用数小时甚至数天构思和修改，才能产出一篇文章。别人用AI提示词，10分钟搞定，从此告别加班。

【引导下单】如果您也想让内容创作变得轻松高效，赶快来尝试AI辅助写作吧！点击"立即体验"，开启高效生活！

★填空式模板

苦练_____，不如_____。

你数小时甚至数天的_____，别人用_____，10分钟搞定。

如果您也想_____，赶快来尝试_____。

★模板解析

1. 人们天生对快速、简便的解决方案感兴趣。通过效率对比，可以直接触动用户的这一心理需求。毕竟人人都想省事，我们发明了洗衣机、扫地机器人、自动电炒锅等等，都是围绕人的惰性来设计的。在宣传一个产品的时候，在文案的开头，先把效率对比点出来，可以快速抓住用户的吸引力。

2. 紧接着描述痛点，让用户感受到产品不仅仅解决了一个实际问题，还改善了他们的生活质量。

3. 引导用户去体验，开启成交的第一步。

★AI快速创作

◎ 提示词

01.请你写出××产品和对应的同类产品，在效率方面大大提升。例如：苦练写作10年，不如用AI辅助写作10分钟

02.请你描述实用后，改善了生活或工作状态。例如，早晨可以多休息一会儿、工作效率提升等

03.最后给出清晰的行动指南，例如，点击"立即购买"，享受快速配送服务

以宣传一款数据分析软件为例，见图45。

> 01.请你写出王京牌数据分析APP和对应的同类产品的对比，突出在效率大大提升。例如：苦练写作10年，不如用AI辅助写作10分钟
> 02.请你描述实用后，改善了生活或工作状态，例如，早晨可以多休息一会儿、工作效率提升等
> 03.最后给出清晰的行动指南，例如，点击"立即购买"，享受快速配送服务

01. 王京牌数据分析APP与同类产品对比

【效率对比】：

- 传统数据分析软件：处理复杂数据集可能需要数小时甚至数天，分析结果往往需要进一步验证。

- 王京牌数据分析APP：采用先进的算法和机器学习技术，能够在几分钟内完成数据处理和分析，提供即时洞察。

【对比示例】：
苦练数据处理技能十年，不如使用王京牌数据分析APP十分钟。

02. 实用后改善的生活或工作状态

【生活改善】：

- 早晨可以多享受一杯咖啡的时间，不必急匆匆地赶数据分析报告。

- 晚上可以早点休息，不再因为加班分析数据而牺牲宝贵的睡眠时间。

【工作提升】：

- 工作效率显著提升，能够快速响应市场变化和业务需求。

- 决策过程更加科学和精准，基于实时数据分析做出更优的业务决策。

03. 清晰的行动指南

【行动号召】：
立即下载王京牌数据分析APP，开启您的高效数据分析之旅！点击"开始免费试用"，体验极速数据处理和分析的魅力，让您的决策更加迅速和准确。

图 45

模板040：多版本定价+描述差异+任君选择+赠品策略

★写作公式

多版本定价+描述差异+任君选择+赠品策略

把橘子分成两堆。

一堆按照原价卖，另外一堆，在原价基础上加2元。

如果其中一堆卖完了，再把剩下的一堆分成两堆，然后继续这样卖。

当别人问，这两堆橘子有什么区别的时候？

可以说："一堆是昨天的，一堆是今天的，新鲜的稍微贵一点。"

这样，人们就会忍不住去购买新鲜的橘子。

你发现了吗？

卖货的人，给了你一个标准，是他在左右你的判断能力。

他给了你两个价格，所以你会觉得贵的那堆橘子好。

你知道吗？人是没有判断能力的。你会根据别人给你的标准，去判断这个东西的价值。

这是一个经典的案例，即便现在很多人知道了背后的逻辑，依然会忍不住下单，因为人的购买决定就是非理性的，人会在对比中逐渐迷失自己的判断力。

遇到同款的产品的时候，我们要在文案中写清楚，做好对比，引导用户下单。

★举例说明

【多版本定价】焕颜逆龄精华液是一款专为抗衰老设计的护肤精华，致力于改善肌肤老化问题，恢复年轻光彩。我们特别推出两款不同版本的精华液，以满足不同需求的消费者：

一个是经典版（价格：¥299/瓶）

一个是升级款（价格：¥399/瓶）

【描述差异】

经典版：基础抗衰老配方，适合日常使用，温和不刺激。

升级款：在经典版基础上，添加了珍贵的多肽复合体，抗衰老能力更强。

【任君选择】选择焕颜逆龄精华液，让您的肌肤焕发青春光彩！无论是经典版还是升级款，都能为您带来不一样的护肤体验。

【赠品策略】另外，现在购买升级款，额外赠送价值¥200的紧致提拉按摩仪，助您在家享受专业护肤体验。其实，这样算下来，升级款性价比更高。

★填空式模板

针对_____产品，我们特别推出两款不同版本，以满足不同需求的消费者：

一个是经典版（价格：_____）

一个是升级款（价格：_____）

经典版：_____

升级款：＿＿＿＿＿＿

无论是经典版还是升级款，都能为您带来不一样的＿＿＿＿＿＿体验。

另外，现在购买升级款，额外赠送价值＿＿＿＿＿＿产品，其实，升级款性价比更高。

★模板解析

1.在营销文案中，通过制造对比、设定标准等方式，能够引导消费者的购买决策，从而促进销售。

2.这种营销文案，在手机、耳机等这类产品中经常会用到，一般会精心设计2款类型，从容量大小、配置等方面来做划分，放在一起做对比。

3.最后，通过增加高价产品的附加值，使其看起来更具性价比，从而引导消费者倾向于选择更高价的产品。

★AI快速创作

◎ 提示词

01.请为我撰写一篇××产品的营销文案

02.请设定两个版本：经典版和升级款

03.列举各版本的主要特点和差异，强调每个版本的独特价值

04.请加入赠品引导策略，告诉用户购买升级款可获赠××产品

05.此外，尽量融入情感连接和场景描绘，让消费者感受到产品的实际效益

在做出购买决定时，人们总是倾向于反复比较，寻找最符合需求且最具性价比的产品。为了迎合这一心理，笔者精心编写了10个基于对比效应的文案模板。这些模板通过不同维度的对比，帮助用户轻松做出抉择，从而产生强烈的视觉和心理冲击。

在实际营销中，你可以根据具体情境灵活运用这些模板，甚至可以将多个模板组合使用，达到更佳效果。

需要强调的是，对比手法远不止于此，你可以遵循"对比法"的思路，创作出更多富有创意和吸引力的营销文案。

第5节　挑明利益式文案成交

人们普遍渴望获得更多，同时付出更少。这种"利益最大化、成本最小化"的心理是我们决策背后的强大驱动力。

在撰写文案时，若能让用户感受到实实在在的获得感，给用户利益最大化，便能瞬间激发他们的购买欲望。

利益点，是文案的朱砂痣。

写这类文案时，不用绕弯子，直接点明利益，让对方秒懂收益。

模板041：购买决定+来找我+利益点+具象化

★写作公式

购买决定+来找我+利益点+具象化

★举例说明

【购买决定】如果你正在考虑购买智能家居，找我咨询很可能帮你节省2万多块钱。

【来找我】欢迎来找我多问一嘴，我从业5年，看多了客户遇到的种种问题，可以帮你精准避坑。

【利益点】经常一不小心就帮客户节省2万～3万元开支。

【具象化】这些省下的钱，够你去享受一次海外度假了。

★填空式模板

如果你正在考虑购买＿＿＿＿＿＿，找我咨询很可能帮你节省＿＿＿＿万多块钱。

欢迎来找我多问一嘴，我从业＿＿＿＿＿年，看多了客户遇到的种种问题，可以帮你梳理避坑指南。

经常一不小心就帮客户节省＿＿＿＿＿＿万元。

省下的钱，足够你去享受＿＿＿＿＿＿。

★模板解析

1. 明确的利益点：直接告诉用户咨询可以节省大量开支，这是一个强有力的诱因。

2. 通过提及从业年限和经验，减少用户的顾虑。我一个卖保险的朋友，直接用这个方法，激活了朋友圈的客户。他的文案就是："购买××险，来多问我一嘴，里面很多细节抓好了，可以帮你省10万元，够你买辆车了。"简单直接地突出利益点，快速激活潜在用户。

3. 具象化的好处，将节省下来的钱与具体的享受（如海外度假）联系起来，增强了用户的想象力和产品吸引力。

4. 人人都想节省钱，避免做冤大头，这样的文案直接激活意向客户来找你做咨询，从而实现成交。

★AI快速创作

◎ 提示词

01. 请你写出购买××，请来找我多问一嘴

02. 强调我从业多年，可以帮你避坑，给出最实际的建议

03. 简洁明了地指出我能帮助你节省××钱，并把这些节省的钱具象化，例如：够买辆车了、够你去享受一次海外度假

以家装为例，见图46。

01.请你写出，若做家装，请来找我多问一嘴
02.强调我从业10年，可以帮你避坑，给出最实际的建议
03.简洁明了地指出我能帮助你节省数万钱，并把这些节省的钱具象化，例如：够买辆车了、够你去享受一次海外度假

基于您提供的提示词和要求，以下是完整的文案：

文案

1. 若做家装，请来找我多问一嘴。

2. 我从业10年，积累了丰富的家装经验。我会帮你避坑，给出最实际的建议，确保你的家装过程既顺利又省钱。

3. 凭借我的专业知识，我能帮你节省数万元。这些省下的钱，够买辆车了，或者够你去享受一次海外度假。

图46

模板042：抛利益+讲方法+需求激发+专属礼物

★写作公式

抛利益+讲方法+需求激发+专属礼物

★举例说明

【抛利益】我的产品用这一套文案发售模式赚了100多万元。

【讲方法】前几天我做了一场产品发售会，分别运用了精准定位、社交媒体营销和限时抢购策略，结果令人惊喜，成交额达到100万。

精准定位：……（展开描述）

社交媒体营销：……（展开描述）

限时抢购策略：……（展开描述）

【需求激发】如果你有产品，却总是卖不出去，不妨来试试这一套方法。

【专属礼物】点击下面的链接，1元查看一整套详细资料，前100名会额外获得一份专属的市场分析报告，助你更快上手！

★填空式模板

我用这个方法_____赚了_____。

这个方法是：

1. _____

2. _____

3. _____

如果你_____，却_____，不妨来试试这一套方法。

前100名会额外获得一份专属的_____。

★模板解析

1. 干货不值钱，能引起别人重视才值钱。我之前经常分享写作干货，但很少人会看。后来，我换了个题目，变成"我靠这套写作方法赚了100万"，立马阅读量飙升。

2. 为什么比怎么做重要。人被影响、被打动都是感性的，人只为感觉而买单，而干货是理性的。

3. 在写文案时，先让读者感受到价值的重要性，他才愿意看。

4. 仅仅强调收益是不够的，还需要提供实用的方法，来建立读者的信任感，要让读者有新知和收获。

5.最后，提供额外的激励措施，增加吸引力，促使读者立即采取行动。

★AI快速创作

◎ 提示词

01.请你用一句话告诉读者从××产品中可以获得什么，具象化到钱

02.分享如何通过××产品获得利益？写3个方法，让读者有新知和收获感

03.在写方法的时候，要多写数据，让用户有获得感

04.最后，前100名提供额外的专属礼物，促使读者立即采取行动

以小红书为例，见图47。

01.请你用一句话告诉读者做小红书中可以获得什么，具象化到钱
02.分享如何通过做小红书获得利益？写3个方法，让读者有新知和收获感
03.在写方法的时候，要多写数据，让用户有获得感
04.最后，前100名提供额外的专属礼物，促使读者立即采取行动

📖 小红书：内容变现，财富增长新引擎 📖

01. 做小红书可以获得什么?

在小红书，你可以通过精心策划的内容创作，每月赚取数千至数万元的收益。

02. 如何通过做小红书获得利益?

以下是三个具体且数据支撑的方法，助你在小红书平台上实现收益增长：

1. 打造爆款内容
- 创作高质量图文或视频，吸引粉丝关注。例如，一篇爆款图文可能获得10万+点赞，带来500~1000元的广告收入。
- 当账号粉丝数达到10万时，单条广告报价可达3000~5000元。

2. 开设直播带货
- 每场直播平均观看人数5000人，转化率为5%，每人平均消费100元，则每场直播收入可达2.5万元。
- 长期稳定直播可建立忠实粉丝群体，提升复购率至30%，进一步增加收益。

3. 参与平台活动
- 参与小红书的"话题挑战"，若视频播放量突破100万，可获得1000~3000元奖金。
- 成功入选"达人招募"计划，每月额外获得2000元固定补贴及流量扶持。

03. 前100名专属礼物

为了激励你立即行动，我们特别准备了前100名专属礼物：

- 专业摄影套餐：价值1500元的专业摄影服务，提升内容质量。
- 专属推广资源：赠送5000次平台曝光机会，加速粉丝增长。
- 定制品牌合作机会：优先与知名品牌合作，单次合作收入可达5000~10000元。

图47

模板043：亮背书+展示权威+信息差利益点+引导购买

★写作公式

亮背书+展示权威+信息差利益点+引导购买

★举例说明

【亮背书】作为行业领先的咨询公司，我们获得了多项国际认证，并与多家知名企业建立了长期合作关系。

【展示权威】我们的专家团队由多位博士专家和行业领袖组成，他们在各自领域拥有丰富的研究和实践经验。

【信息差利益点】因此掌握的市场数据和行业洞察，往往比公开信息提前几个月，这让我们能够为客户提供独家的战略建议。

【引导购买】从初步咨询到定制方案，每一步都为您量身打造，确保您能够充分利用我们的信息差优势，实现业务突破。

★填空式模板

作为_____，我们获得了_____，并与_____。

我们的专家团队由_____，他们在各自领域拥有_____。

因此掌握的_____，往往比公开信息提前_____，这让我们能够为客户提供_____。

了解我们的服务流程，从_____到_____。

每一步都为您量身打造，确保您能够充分利用我们的信息差优势，实现_____。

★模板解析

1. 首先通过展示公司/个人的荣誉、认证或合作伙伴、过往经历等，强调其在行业中的领导地位，来建立权威性和信任感。

2. 明确指出公司或者个人掌握的独特资源和信息，这些是普通客户难以获取的，从而凸显服务的独特价值。

3. 逐步介绍服务流程，强调了如何利用信息差来实现用户的业务目标，人人都想先人一步。

★AI快速创作

◎ 提示词

01. 请你写出××公司/个人的荣誉、认证或合作伙伴

02. 请你写出这些信息的时效性和独特性，能为客户提供信息差

03. 请你强调服务流程，介绍服务流程，让用户感受到服务的个性化和专业性

以自媒体行业为例，见图48。

01.请你写出ABC自媒体公司的荣誉、认证或合作伙伴
02.请你写出这些信息的时效性和独特性，能为客户提供信息差
03.请你强调服务流程，介绍服务流程，让用户感受到服务的个性化和专业性

自媒体公司文案

【ABC自媒体公司荣誉、认证或合作伙伴】

ABC自媒体公司自成立以来，凭借卓越的内容创作与传播能力，荣获了多项行业大奖，包括"年度最具影响力自媒体""最佳内容创新奖"等。我们不仅是自媒体行业协会的创始成员，还与多家知名品牌如华为、阿里巴巴等建立了长期稳定的合作关系，共同开展多元化的营销传播活动。

【信息的时效性和独特性】

我们拥有一支专业的市场调研团队，持续追踪行业动态，分析市场趋势。通过深入的行业洞察和数据分析，我们能够为客户提供前沿的市场信息和策略建议。这些信息通常比公开渠道提前1~2个月发布，确保客户在激烈的市场竞争中抢占先机，实现品牌价值的最大化。

【服务流程强调与服务流程介绍】

ABC自媒体公司注重服务的个性化和专业性，从客户需求出发，量身定制解决方案。我们的服务流程包括以下几个关键环节：

1. 需求调研与分析：深入了解客户的业务目标和市场定位，明确传播需求和期望效果。

2. 策略制定与规划：基于市场调研结果，为客户制定全面的内容营销策略和执行计划。

3. 内容创作与发布：集结行业内顶尖的内容创作者，打造高质量、有影响力的原创作品，并通过多渠道进行广泛传播。

4. 效果监测与优化：实时跟踪营销活动的表现，提供详细的数据报告，并根据反馈及时调整策略，确保达到最佳效果。

通过这一系列精心设计的服务流程，我们致力于为客户提供最优质、最专业的自媒体营销服务，助力他们在激烈的市场竞争中脱颖而出。

图48

模板044：节省成本+简单易行+长期服务+行动号召

★写作公式

节省成本+简单易行+长期服务+行动号召

★举例说明

【节省成本】使用××空调，您每月可以节省高达30%的电费！以一台中等功率的空调为例，平均每月可为您节省约200元电费。一年下来，您就收获了2400元！这些省下来的钱，够您再买一台空调了。

【简单易行】我们还做了最简单的界面设计，一键操作或者语音遥控，就能享受智能家居带来的便捷。

【长期服务】我们承诺为您提供3年的质保服务，期间有任何问题，都可以随时上门维修。

【行动号召】别再让高昂的电费成为负担！现在购买××空调，即可享受限时优惠和专业的安装服务。实实在在为您省钱！

★填空式模板

使用_____，您每月可以轻松节省_____费用！平均每月可为您节省约_____元。

一年下来，就是_____！这些省下来的钱，够您再_____。

为了省时省力，我们还做了最简单的_____，_____快速上手。

我们承诺为您提供_____年的质保服务。

别再让高昂的_____成为负担，现在购买_____，即可享受限时优惠和专业的_____服务。

★模板解析

1. 通过具体数字（如30%的电费节省、每月200元、一年2400元）让潜在客户直观感受到节省的成本，增强了说服力。这种具象化的表达方式使客户更容易理解和接受，激发了他们的购买欲望。

2. 强调产品对用户的友好，突出操作简单的优点，减少了客户的心理障碍，毕竟人人都怕麻烦，特别是对于技术不太熟悉的消费者，进一步打消他们的顾虑。

3. 提供明确的服务保障（如3年质保和24小时客服），展示了企业的责任感和可靠性，增强了客户的信任感，使他们觉得选择这款产品不仅是对当前需求的满足，更是对未来的一种保障。

4. 通过限时优惠和售前售后一体化的服务，促使客户尽快做出购买决定。鼓励客户抓住眼前的机会，避免错过可能的利益。

★AI快速创作

◎ 提示词

01.请你写出使用××产品后的直接好处，即成本降低，具象化到节省多少钱

02.强调产品简单操作的特点，减少用户的实时顾虑

03.强调提供了长期的服务支持，增强信任感，让用户安心

04.促使用户迅速做出决策，抓住提升效率和降低成本的机会

以智能机器人为例，见图49。

请你写一篇关于酒店智能机器人的营销文案
01.请你写出使用智能机器人后的直接好处，即成本降低，具象化到节省多少钱
02.强调产品简单操作的特点，减少用户的实施顾虑
03.强调提供了长期的服务支持，增强信任感，让用户安心
04.促使用户迅速做出决策，抓住提升效率和降低成本的机会

🏨 ✨ 酒店智能机器人：未来住宿新体验 ✨ 🏨

💫 直接好处：成本降低，效益显著
引入酒店智能机器人后，您将显著降低运营成本。例如，一台智能机器人可以替代两名全职员工的工作量，每年为您节约约10万元的人力成本。这不仅包括工资和福利，还减少了培训和管理的开销。

🔑 简单操作，轻松上手
我们的智能机器人设计简洁直观，无需复杂的编程或技术背景即可轻松操作。通过用户友好的界面和语音交互功能，任何员工都能迅速掌握其使用方法，减少实施过程中的顾虑和培训时间。

💜 长期服务支持，让您安心
我们承诺为您提供长达五年的质保服务和全天候的技术支持。无论遇到任何问题，我们的专业团队都会立即响应，确保您的智能机器人始终高效运行，增强您的信任感和满意度。

📢 行动号召：立即升级，把握机遇
别再让高昂的人力成本影响您的酒店运营效率！现在选择我们的酒店智能机器人，即可享受限时优惠和专业安装服务。抓住这个提升效率和降低成本的机会，让您的酒店在竞争中脱颖而出！

🏨 🤖 开启智能化住宿新篇章，让每一位客人都能感受到科技带来的便捷与舒适！🤖 🏨

🏃 🏃 立即行动，未来已来！🏃 🏃

图49

模板045：潜在风险+损伤利益+如何避免+专属互动

★写作公式

潜在风险+损伤利益+如何避免+专属互动

★举例说明

【潜在风险】面试千万不能做的3个小动作。这些不经意的小动作可能会给面试官留下负面印象，影响您的整体表现。

1. 频繁摆弄手指。这会让面试官觉得您紧张或不自信。

2. 东张西望。显得您不够专注，可能会被认为缺乏职业素养。

3. 不恰当的身体语言：如交叉双臂或避免眼神交流，这些动作可能传达出防御或不友好的态度。

【损伤利益】这些可能会让面试官对您的专业性和可靠性产生怀疑，即便你过往成绩很好，也可能不被录用。

【如何避免】我们提供专业的面试培训服务，帮助您了解并改正这些不良习惯，提升您的面试技巧和成功率。

【专属互动】抓紧时间，私信我，获取一对一的面试咨询服务的名额。

我们的专家团队将根据您的具体情况，提供个性化的建议和指导，确保您在面试中展现出最佳状态。

★填空式模板

_____千万不能做_____。这些不经意的小动作可能会_____带来严重后果。

1. _____

2. _____

3. _____

我们提供专业的_____服务，帮助您了解并改正这些不良习惯，提升您的_____率。

私信我，获取一对一的_____服务的名额。

我们的专家团队提供一对一的建议和指导，确保您_____中展现出最佳状态。

★模板解析

1. 知名广告创意人林桂枝在《秒赞：文案女王20年创作技巧与心法》一书中写道：一旦关系到对方的健康、安全、能力、未来以及自我认同等，最终令对方产生危机感。这些都是人们非常在乎的利益点。

2. 在撰写文案时，巧妙地揭示潜在的风险，这种直击要害的方式，往往让人印象更加深刻。

3. 当成功吸引用户的关注后，接下来告诉他找你可以避免风险。可邀请用户参与一对一的互动交流，为他们提供量身定制的帮助和服务，以此达成引流和成交。

★AI快速创作

◎ 提示词

01. 请你写出××千万不能触碰的3个细节

02. 请你写出如果没有注意上述的3个细节，会带来什么严重后果

03. 告诉用户，找你可以避免上述的事情发生

04. 邀请用户抓住一对一指导的名额

以西餐礼仪为例，见图50。

> 01.请你写出吃西餐千万不能触碰的3个细节
> 02.请你写出如果没有注意上述的3个细节，会带来什么严重后果
> 03.告诉用户找你，可以避免上述的事情发生
> 04.邀请用户抓住一对一指导的名额

01. 吃西餐千万不能触碰的3个细节

1. 刀叉使用不当：在西餐中，刀叉的使用有着严格的规矩。交叉摆放或用餐巾擦拭刀叉都是不礼貌的行为。

2. 发出过大声响：咀嚼食物时应保持安静，避免发出吸吮、咀嚼或碰撞餐具的声音，这会被视为缺乏教养。

3. 随意交谈打断他人：虽然交谈是西餐中的一部分，但随意打断他人说话或在不适宜的时刻谈论敏感话题都是不恰当的。

02. 如果没有注意上述的3个细节，会带来什么严重后果

如果不注意这些细节，可能会给人留下粗鲁无礼的印象，严重影响您的社交形象和人际关系。在商务场合，这样的行为甚至可能导致合作机会的丧失。此外，频繁的失礼行为还可能使您被排除在高端社交圈子之外。

03. 告诉用户找你，可以避免上述的事情发生

为了避免这些尴尬和不愉快的情况发生，您可以寻求专业的礼仪培训服务。我们提供全面的西餐礼仪培训，帮助您掌握正确的用餐技巧和社交礼仪，让您在任何场合都能自信从容。

04. 邀请用户抓住一对一指导的名额

现在就联系我们，预约一对一的礼仪指导课程吧！我们的专家将针对您的具体情况，提供个性化的指导和训练，确保您在下次享用西餐时能够游刃有余，展现最佳风采。名额有限，抓紧时间哦！

希望这些内容能满足您的需求！

图50

模板046：攻略指南+方法案例+欢迎咨询

★写作公式

攻略指南+方法案例+欢迎咨询

★举例说明

【攻略指南】去云南，你一定不能错过的攻略大全，看完至少省2000元。我们精心编制的这份指南，涵盖了旅行中的每一个细节，让你轻松规划一次难忘的旅程。

【方法案例】（具体写文案时，要根据实际展开描述）

1. 行程规划：我们为你设计了详细的每日行程，包括丽江古城、大理洱海、香格里拉、西双版纳等著名景点，确保你在有限的时间内看到最美的风景。

2. 住宿推荐：根据不同的预算和喜好，我们推荐了一系列优质的住宿选项，从五星级酒店到当地特色民宿，让你在舒适的环境中享受旅行的乐趣。

3. 美食指南：深入探索云南的美食文化，带你品尝过桥米线、云南烧烤、傣族酸菜鱼等地道美食，让你的味蕾也享受一场盛宴。

4. 交通指南：详细介绍了云南各地的交通方式和最佳路线，帮助你高效安排行程，避免时间和金钱的浪费。

5. 省钱秘籍：分享了一些独家的省钱技巧和优惠信息，比如景区折扣、团购优惠等，让你在旅行中轻松节省开支。

6. 安全提示：提供了全面的旅行安全建议，包括高原反应的预防和处理、旅行保险的选择等，确保你在旅途中的每一步都安心无忧。

【欢迎咨询】如果你在规划旅途中遇到任何问题，或者需要更多的个性化建议，欢迎随时联系我们。我们的专业旅行顾问将为你提供一对一的咨询服务，确保你的云南之旅更加精彩。

★填空式模板

_____你一定不能错过的攻略大全，看完至少多省_____元。

我们精心编制的这份指南，涵盖了_____每一个细节，让你轻松

_____。

【N个方法】

1. _____

2. _____

3. _____

如果你在_____中遇到任何问题，或者需要更多的个性化建议，欢迎随时联系我们。

我们的专业_____顾问将为你提供一对一的咨询服务，确保你的_____顺顺利利！

★模板解析

1. 人们天生倾向于寻求稳定和可预测的环境，遇到陌生的地方/领域，人们总希望有人领路，以便是减少内心的不安定因素。

2. 指南与秘籍的核心是赋予对方资源和方法，再加上利益点，让人获得比较全面的信息，少走弯路。

3. 大家都在迷途中，人人需要指南针。无论是日常生活的小技巧（如美食制作、化妆技巧），还是人生重大决策（如职业规划、搬家定居），都需要一份可靠的指南来保驾护航。

文案围绕这个思路来写，就能吸引精准客户。

★AI快速创作

◎ 提示词

01. 请你写出××行业/做××事的攻略指南

02. 请你写出至少5个具体的方法，结合案例和细节

03. 强调看完攻略，可以少走弯路，可以节省××钱

04. 结尾告诉用户，看完攻略还不清楚，可以找你一对一咨询

模板047：投入少+获得多+情感链接+立即体验

★写作公式

投入少 +获得多+情感链接+立即体验

★举例说明

【投入少】每天早晚仅需5分钟，通过简单易行的锻炼计划，搭配我们的专业产品，10天减掉大肚腩。

【获得多】您不仅可以获得专业健康营养师一对一的跟踪指导，确保每一步锻炼计划科学有效，还可以获得我们为您精心准备的安全、高效的减肥产品。此外，我们还赠送您一份价值299元的专属健康食谱，助您养成良好的生活习惯！

【情感链接】希望每个人减肥的人，不仅能收获自信，还能够拥有健康的身体。而不是盲目减肥，误伤自己。

【立即体验】欢迎加入ABC减肥大家庭，现在购买，可享受限时优惠价，仅需500元，并有机会获得价值¥500的私人定制健身课程！

★填空式模板

每天仅需_____分钟，_____天，获得_____效果。

您不仅可以获得_____，还赠送_____，此外，我们还赠送价值_____元的_____。

我们希望帮你_____（解决问题），不仅_____，还能_____。

现在购买，还赠送_____。

★模板解析

1. 这类营销文案，就一个核心点："把福利拉满"。叠加式送礼品，让用户觉得收获满满。

2. 增加了产品的附加值，让用户感受到不仅仅是购买产品，更是一整套解决方案。

3. "只要少量投入，便可收获可观效果"。这种写法十分符合人们的心理状态。例如，产品包装常见的加量不加价、买一赠一、第二件半价、多送300克、套装10件加送3件，还有令很多人欢欣雀跃的各种小赠品，都是人们内心渴望高回报的写照。

4. 在知识付费领域，经常能看到这类营销策略。把多类产品放在一起捆绑销售，销量直接翻倍，甚至10倍。人们在购买产品的时候，大多数时候是不理性的，而是凭感觉购买。人人都需要"占便宜"的感觉。

★AI快速创作

◎ 提示词

提供产品名称、核心功效、使用周期与效果、特色服务、赠品或优惠、用户痛点等，再给AI写作公式即可例如：

01. 产品名称："极速燃脂胶囊"

02. 核心功效："7天见效，极速瘦身"

03. 使用周期与效果："一个月瘦10斤，塑造完美曲线"

04. 特色服务："24小时在线客服，个性化瘦身方案"

05. 赠品或优惠："买一送一，赠送价值500元的健身课程"

06. 用户画像："忙碌的上班族，产后妈妈"

07. 情感共鸣："重拾自信，享受健康生活"

08. 请你围绕上述的信息，按照"投入少+获得多+情感链接+立即体验"的思路，写一篇营销文案

模板048：利益传递+利益延伸+解决办法+点赞收藏

★写作公式

利益传递+利益延伸+解决办法+点赞收藏

★举例说明

【利益传递】教你一条万能的短视频文案公式

【利益延伸】你刷到的很多点赞几百万的视频文案都是这样写的，其实一点也不难，直接套用就好。

这条文案适合各种领域，不管你是做美食的、美妆的、穿搭的，还是讲育儿的、讲情感的都可以用这条公式。

【解决办法】文案公式就是：好结果+强反差+解决方法

"好结果"能够激发观众的好奇心和期待感。

"强反差"制造了戏剧性，使得内容更具冲击力和记忆点。

"解决方法"直接提供价值，满足用户解决问题的需求，增强内容的实用性。

【点赞收藏】记得点赞收藏！下次写文案随时拿出来看。

★填空式模板

教你一条_____。

你遇到的_____都是这样_____的，其实一点也不难，直接套用就好。

而且适合各种领域，不管你是_____的，还是_____的，都可以用这个方法。

解决办法：_____。

记得点赞收藏！下次_____随时拿出来看。

★模板解析

1. 消费者只对与自己利益相关的事感兴趣，一味强调产品好，不如直接说产品给消费者带来了哪些利益点。

2. 开头先点出利益，然后延伸点出更多的好处，抓住读者的吸引力。

3. 将复杂的创作过程简化为一个易于操作的公式，降低了用户的心理负担和学习成本。这种简化策略使更多人愿意尝试和参与，从而扩大了潜在受众的基础。

4. 暗示了"下次写文案随时拿出来看"，鼓励观众立即采取行动（点赞、收藏），以免错过有价值的信息，有助于提高后期转化率。

★AI快速创作

◎ 提示词

01. 开头强调具体好处/结果，使用"学会了×××技能后，你可以轻松实现×××效果"的句式

02. 点出××人群普遍遇到的困难/挑战。例如，很多人尝试×××时都会遇到××困难

03. 强调简单步骤/独特技巧，例如，只需按照以下步骤操作，就能轻松达到预期效果

04. 写出预期成果/强反差描述，例如，无须花费大量时间和精力，就能收获令人惊艳的成果

以美妆为例，效果见图51。

- 具体好处/结果：学会这款妆容教程，让你轻松变身时尚达人。
- 普遍遇到的困难/挑战：很多美妆新手在化妆时总是手忙脚乱，不知如何开始。
- 简单步骤/独特技巧：只需掌握这三个关键步骤，即使是新手也能轻松上手。
- 预期成果/强反差描述：告别繁琐复杂的化妆过程，几分钟就能打造出专业级的妆容。

根据上述提示，我将为您生成文案：

【利益传递】：教你一款美妆秘籍，轻松变身时尚达人！

【利益延伸】：是不是觉得化妆很复杂？其实，只需掌握几个小技巧，你也能成为美妆高手！这款妆容教程简单易懂，适合所有美妆水平的人士。

【解决办法】：

- 具体好处：学会这款妆容教程后，你将能够轻松打造出时尚动人的妆容。

- 普遍遇到的困难：很多美妆新手在化妆时总是手忙脚乱，不知从何开始。

- 简单步骤/独特技巧：只需掌握这三个关键步骤——底妆、眼妆、唇妆，就能轻松上手，告别繁琐复杂的化妆过程。

- 预期成果：几分钟就能打造出专业级的妆容，让你自信满满地出门！

【点赞收藏】：觉得这个教程有用的话，别忘了点赞收藏哦！下次想学化妆时随时拿出来看！

图 51

模板049：积极结果+你也可以+方案归纳+低成本变好

★写作公式

积极结果+你也可以+方案归纳+低成本变好

★举例说明

【积极结果】家人们！我爆单啦！上两期讲的爆款公式火了。用完之后粉丝直接从100人变成500多人，当月单个广告变现1000元，一条带货视频就分佣600多元。

【你也可以】你只要按照以下的脚本公式去写，相信10条之内必有一个小的爆款。

【方案归纳】为了方便记忆我总结了以下四条：

步骤1/步骤2/步骤3/步骤4。

【低成本变好】关注我，带你低成本学会拍爆款视频！

★填空式模板

通过使用_____（方法），我的_____，从_____（初始值）增长到了___（最终值）。

只要你按照以下的方法去尝试，相信_____（时间段）内就能看到明显的效果！

为了让大家更容易上手，我总结了以下_____个关键步骤：

步骤1：[具体步骤1]

步骤2：[具体步骤2]

步骤3：[具体步骤3]

步骤4：[具体步骤4]

……

关注我，带你以最低的成本实现_____（目标），让你轻松_____（改善/提升）。

★模板解析

1. 先给出一个让目标用户向往的好结果，吸引用户注意力。

2. 紧接着告诉用户，你按照我的经验来，也可以复制这样的结果，进一步强化用户期待值。

3. 人们倾向于选择简单易行的解决方案，"方案归纳"满足了这一需求。

4. 强调低成本和高回报，提高了用户的关注度，增加了转化率。

★AI快速创作

◎ 提示词

01. 描述一个××领域具体的成功结果，如销售额增长、粉丝数量增加、用户反馈提升等

02. 写出可复制的成功要素，提供关键的成功因素或策略，这些是可以被其他人学习和模仿的

03. 简化步骤或方法，概括出实现成功所需的3个核心步骤或方法，确保它们易于理解和执行

04. 强调低成本高回报，用户可以通过较小的投入获得显著的提升

按照上述提示词，让AI随机创作一个营销文案，效果见图52。

你只要确定领域和细分产品，按照提示词就可以轻松创作啦！

01. 描述一个XX领域具体的成功结果

领域：社交媒体营销

成功结果：某初创公司在短短6个月内，通过精准的社交媒体营销策略，成功将其官方账号的粉丝数量从5000人增长至50,000人，并实现了销售额300%的增长。同时，用户反馈也大幅提升，正面评价占比达到90%以上。

02. 写出可复制的成功要素

成功要素：

1. 明确的目标受众定位：深入研究并确定了目标用户群体，发布的内容高度契合他们的兴趣和需求。

2. 高质量内容制作：坚持原创，注重内容的创意和质量，定期发布有价值的信息和互动。

3. 有效的互动与反馈机制：积极回应粉丝留言，及时处理问题，建立了良好的社区氛围。

4. 数据分析与优化：定期分析数据，了解受众行为，及时调整策略以优化效果。

03. 简化步骤或方法

实现成功的3个核心步骤：

1. 精准定位受众：研究并确定目标用户，了解他们的喜好和习惯。

2. 持续输出优质内容：结合受众需求，制作并发布有吸引力的原创内容。

3. 及时互动与调整：积极与粉丝互动，收集反馈互动信息，并根据数据优化策略。

04. 强调低成本高回报

通过上述方法，初创公司仅投入了有限的预算在社交媒体营销上，却取得了显著的成果。这表明，即使是小型企业或个人，只要掌握了正确的策略和方法，也能以较小的成本实现大幅度的提升。这种方法不仅易于实施，而且能够带来高效的回报，非常适合资源有限的情况。

图 52

模板050：省钱模式+用户做证+产品信息+互动式尾

★写作公式

省钱模式+用户做证+ 产品信息 +互动式尾

★举例说明

【省钱模式】不到100元就能搞定的一些智能家电，千万不要花冤枉钱了。

【用户做证】质量和设计都堪比大牌！身边的朋友们体验后都在要链接。

【产品信息】产品1介绍、产品2介绍、产品3介绍。

【互动式尾 】这些在我的橱窗里全都有，点击链接，即可一键带回家。你还想要什么智能家电，评论区告诉我！

★填空式模板

不到_____（具体金额）就能搞定的一些_____（产品类别），千万不要花冤枉钱了_____和_____都堪比大牌！_____（相关人群）体验后都在要链接。

产品信息：

产品1介绍

产品2介绍

产品3介绍

这些在我的橱窗里全都有，点击链接，即可一键带回家。

你还想要什么_____，评论区告诉我！

★模板解析

1. 针对消费者对价格的敏感性，提供了一个低成本但高价值的购买理由，触发"省钱模式"。

2. 利用同事和朋友的行为作为社会证明，增加产品的可信度和吸引力。

3. 直接明了介绍了产品的特点和优势，方便消费者快速了解产品。

4. "一键带回家"的表述，暗示购买的便捷性。

5. 互动式的结尾，鼓励用户表达自己的需求，有助于建立长期的客户关系和提高用户黏性。

★AI快速创作

◎ 提示词

01. 请你推广××产品（如智能家电、厨房用具等），具体的价格范围或金额控制在××元

02. 描述相关人群体验了产品并给出了积极的反馈，如"朋友们""同事们""邻居们"等都说好

03. 描述每个产品简短而吸引人的介绍，突出其特点或优势

04. 准备一个开放式的提问或话题，引导用户在评论区进行互动

以厨房用具为例，效果见图53。

> 01.请你推广厨房用具，具体的价格范围或金额控制在100元
> 02.描述相关人群体验了产品并给出了积极的反馈，如"朋友们""同事们""邻居们"等都说好
> 03.描述每个产品简短而吸引人的介绍，突出其特点或优势
> 04.准备一个开放式的提问或话题，引导用户在评论区进行互动

01. 推广厨房用具

探索我们的精选厨房神器，每件仅需100元，让您的烹饪之旅更加顺畅和高效！

02. 用户积极反馈

"自从我使用了这款厨房工具，连朋友们都说我的厨艺提升了呢！"
"同事们看了我用的厨房用具后，都问我在哪里买的！"
"邻居们都夸赞我新添置的厨房小帮手，真是物超所值！"

03. 产品介绍

- 多功能切菜器：快速切丝切片，轻松应对各种蔬菜，让您的准备工作更加高效。

- 便携式榨汁机：一键启动，新鲜果汁随时享，健康生活从一杯果汁开始。

- 硅胶烘焙垫：耐高温，防滑，易清洗，是烘焙爱好者的理想选择。

- 智能温度计：实时监测烹饪温度，确保食物完美烹制，不再担心过熟或未熟。

04. 开放式提问

"您最喜欢哪种厨房工具？或者您有什么特别的厨房小技巧吗？欢迎在评论区分享您的经验和喜好！"

图 53

"天下熙熙，皆为利来；天下攘攘，皆为利往"。

利益，永远是一个不过时的创作因素。

以上的10个模板，主要突出利益点，很多内容会直接具象化到赚钱和省钱方面，因为人们天然会对钱更加敏感。

在写文案的时候，你可以思考一下，产品自带的"特点"，能满足用户哪些"利益点"。文案将更具吸引力，更能触动消费者的内心。

第6节　展望未来式文案成交

人人都怀揣着对美好未来的向往。即使现状不尽如人意，只要未来充满希望，就有无尽的动力，人们甘愿为这份美好未来投资。

人们不断预测、推算，无非是想窥探未来的模样，抓住当下的趋势与红利。

对未来美好的期许，人性使然。如果你能描绘出一个美好的未来蓝图，给予用户希望，那么成交自然就变得轻而易举。

也正因为人类对未来的无限憧憬，激励着我们不断前行、战胜挑战，才造就了现今的繁荣社会。每个人内心都埋藏着对未来的幻想，善用这一普遍心理，我们便能创作出极具感染力的文案，促使人们为实现心中的理想世界而投入行动。

模板051：先人一步+提前准备+赢得未来+领取福利

★写作公式

先人一步+提前准备+赢得未来+领取福利

★举例说明

【先人一步】作为职场新人，你是否渴望在职场上先人一步，快速晋升。

【提前准备】不得不说，升职快的职场人都是"提前主义者"。临近年底，以下5件事，大家可以提前梳理了：

1. 梳理本年度业绩

这不仅仅是为了给老板汇报，更是对自己的交代。记住，你不是在为老板打工，你是在为未来的自己打工。你积攒的成绩越多，就会越值钱。

2. 梳理工作简历

厉害的职场人每年都会梳理自己的简历，不是为了找工作，而是为了清晰地知道每一年都做了什么，一旦有更好的机会，也不至于错过。

3. 规划未来发展方向

思考未来三到五年内你希望达到的职业高度。无论是提升专业技能、寻求晋升、考虑跳槽还是创业，明确的目标会让你的每一步都走得更坚定。

4. 梳理关键合作关系

回顾过去一年，你在团队和同事中的角色。建立和维护良好的合作关系至关重要。无论是在职场还是生活中，健康的社交网络都是成功的重要基石。

5. 总结个人失误与经验

成长的道路上难免会有挫折和失败。认真总结每一次的失误与经验，了解自己的不足，才能在未来的挑战中更加从容不迫。

【赢得未来】你按照这份清单提前做好准备，头脑中模糊的概念瞬间会变得更加清晰，那些看似遥不可及的职业机会，都变得近在咫尺，升职加薪，不是遥远的梦想，而是实实在在可以触摸到的目标。

【领取福利】为了帮助大家更好地进行年度梳理，我特地准备了一份详细的表格模板。如果你希望进行系统的整理和规划，欢迎私信我领取这份实用的工具。

★填空式模板

作为_____人，你是否渴望在职场上先人一步，掌握_____主动权。

不得不说，_____人都是【提前主义者】。

_____，以下____件事，大家可以提前梳理了。

1. _____

2. _____

3. _____

......

你按照这份清单提前做好准备，会获得_____。

为了帮助大家更好_____，我特地准备了一份详细的_____，欢迎私信我领取。

★模板解析

1. 用先人一步的写法，可以让人感到走在最前方。从古到今，人们预测未来趋势，就是希望先人一步，走得更靠前，掌握先机。

2. 明确指出抢先一步能够带来的具体利益，用户通常会对能获得实际好处的信息更加敏感和感兴趣。

3. 通过描绘未来的美好前景，使他们更愿意采取行动来实现这些利益。

4. 很多时候，和陌生用户建立信任感需要一个桥梁，先给出一些实际的利益，才能达成最后成交。

5. 在小红书、公众号、视频号等各大自媒体平台，可以反反复复用这个模板来引流。

你现在知道了这个模板的结构，可以观察一下，其实各大自媒体上的爆款，很多都是这个结构。

★AI快速创作

◎ 提示词

01.请你描述××人群渴望"先人一步"，掌握先机

02.强调提前准备的重要性。列举具体的准备事项（如5件事）

03.每件事情的描述要简洁明了，突出其重要性和实际意义

04.描述行动后可能带来的积极变化

05.提供额外的资源或工具赠送，增加吸引力。鼓励读者私信领取

模板052：未来风口+变化细节+行动机遇

★写作公式

未来风口+变化细节+行动机遇

★举例说明

【未来风口】未来一年，视频号将成为一个巨大的风口，这波重大红利你绝对不能错过！

【变化细节】

1.直播风口

视频号的直播传播更容易，平台大力推流，特别适合新人起步。

例如，我身边10个新手主播，在短短3个月内通过直播吸引了数万粉丝。

2.短视频带货

数据显示，第三季度短视频播放量同比激增50%。预计2026年这一趋势将持续发酵。

可以尝试制作有趣、有价值的内容来吸引观众，进而带动销售。

3.本地团购服务

视频号开通了本地团购，适合餐饮、服务等实体商家入驻。

某餐厅通过视频号团购活动，月销售额提升了30%。

4.分销功能

微商和淘客应重视分销功能，将客户转化为分销商，实现流量爆发。

成功案例：某微商利用分销模式，三个月内团队扩展至百人。

【行动机遇】顺势而为，事半功倍，聪明的你一定要抓住机会！

★填空式模板

未来一年，_____是个大风口，这波重大红利你千万别错过！

具体细节分析：

1. _____

2. _____

3. _____

聪明的你一定要抓住机会！

★模板解析

1. 有人说："站在风口，猪都能飞起来"。大家越来越重视"风口"了。听到风口，像是已经赚到钱了似的。那我们写文案的时候，就要用好这个"风口效应"。

2. 人人都想抓住"风口"，都想抢先一步吃到红利。直接点出某个行业是一个大风口，就能立即抓住读者的注意力。

3. 人们总是无厘头的盲目相信，又带有一丝理智。你要提供简明扼要的解释和数据支持，才能增强了说服力。

4. 有理有据地说清楚后，呼吁用户快速行动。一旦他们开始行动，就会自然地寻求进一步的指导和解决方案。你再去提供帮助，成交是水到渠成的事。

★AI快速创作

◎ 提示词

01. 请你用一句话描述××行业，是风口期

02. 请你从3～5个方面，说明为什么××处于风口期

03. 请你呼吁大家积极参与，不要错过红利

模板053：流行趋势+紧跟趋势+做个潮人

★写作公式

流行趋势+紧跟趋势 +做个潮人

★举例说明

【流行趋势】职场人流行穿搭趋势揭秘！你一定不能错过！

【紧跟趋势】解析3大风格，拿捏最新时尚风向。

1. 都市简约

这一风格强调舒适与时尚兼备，以简单的线条和大面积的中性色调为主，适合日常通勤。

推荐单品：宽松的白色衬衫搭配高腰牛仔裤，再加上一双小白鞋，简约而不简单。

2. 典雅精致

这一风格注重细节和质感，常采用高档面料和精致的配饰，适合出席正式场合。

推荐单品：一件剪裁合体的黑色晚礼服，配上闪亮的耳环和手镯，优雅大方。

3. 帅酷牛仔

这一风格充满个性与活力，以牛仔面料为主，搭配各种潮流元素，适合休闲娱乐。

推荐单品：破洞牛仔裤搭配皮夹克和运动鞋，彰显不羁的个性与自由精神。

【做个潮人】立刻尝试这款引领潮流的设计，它不仅能提升你的外观，还能让你的个性得到充分展现。不再是跟随者，而是成为潮流的创造者和引领者！

你最喜欢的潮流单品是什么？欢迎在评论区分享！

★填空式模板

_____流行趋势揭秘！你一定不能错过！

解析_____风格，拿捏最新_____风向。

1. _____

2. _____

3. _____

……

立刻_____，不仅_____，还能_____。

你最喜欢的_____是什么？欢迎在评论区分享！

★模板解析

1. 潮流不仅仅局限于服装和外在装扮，它还包括音乐、科技、生活方式等多个方面。任何在特定时期内受到大众广泛关注和讨论的话题都可以被视为潮流。

2.潮流，也可以是当下大家关注的热点话题，会成为你的社交货币。帮助人们在社交互动中建立联系和共鸣，从而避免尴尬和被孤立。

3.利用人性背后的心理机制写文案，让用户迫不及待地想要点进来。

4.最后，邀请用户来参与讨论，一旦加入讨论就会加强印象。并且在自媒体平台中，评论区讨论度越高的话题，平台越会给流量推送。

★AI快速创作

◎ 提示词

01.请你用一句话描述××行业/群体，最流行的趋势是什么

02.请你从3～5个方面展开描述，说明背后凸显了什么本质

03.请你呼吁大家积极参与，来评论区一起讨论

模板054：未来挑战+现状分析+提前准备+未来展望

★写作公式

未来挑战+现状分析+提前准备+未来展望

★举例说明

【未来挑战】未来10年，你可能会失业。

在这个时代，你将面临一个全新的挑战：无工可打。

【现状分析】随着数字化和人工智能技术的迅猛发展，很多岗位将不再需要人工操作。未来五年内，超过50%的传统岗位可能会被自动化取代。比如出租车司机、前台接待员、超市收银员等，这些岗位将逐渐消失，都会被机器取代。

【提前准备】那么，我们应该如何应对这个挑战呢？

1.技能升级：不断学习和掌握新的技术和技能，特别是与数字化和AI相关的知识，提升自身的竞争力。

2.多元化发展：培养多方面的兴趣和技能，多看不同行业的信息，探索新兴行业和职业领域，增加自身的适应能力和抗风险能力。

3.终身学习：持续更新知识和技能，适应快速变化的技术环境。定期评估自身的职业发展路径，及时调整学习计划和职业目标。

【未来展望】我们建立了一个"信息差讨论群"，与行业内的顶尖专家和同

行交流，获取最新的行业资讯和发展策略。同时也能找到志同道合的伙伴，共同应对未来的挑战。欢迎加入！

★填空式模板

未来_____年，你可能会失业。

在这个时代，××行业，将面临一个全新的挑战：_____。

随着_____的迅猛发展，很多岗位面临_____挑战。

数据显示，超过_____%的人，能会面临_____。

那么，我们应该如何应对这个挑战呢？

1. _____

2. _____

3. _____

……

我们建立了_____，欢迎加入！

★模板解析

1. 随着时代的发展，每个行业都可能遇到挑战，写文案的时候，可以直接点出，吸引目标用户。例如：保险行业未来将要面临的3大挑战、大健康行业的趋势和3大挑战等等。

2. 紧接着分析现状，让用户意识到危机感。毕竟人人都想要提前预测，进而提前做好准备，获得安全感。

3. 分析现状时，尽可能引用数据和事实，增强现状分析的说服力和可信度。

4. 紧接着，给方向/方法，或者建议，让用户感受有人指引，能够有效应对未来的挑战。

5. 最后邀请用户加入社群，增加黏性。社群最好是付费进入，设置一定的门槛，才能筛选真正有需要的人。

★AI快速创作

◎ 提示词

01. 请你用一句话描述××行业未来3~5年可能会面临的挑战

02. 请你分析为什么会面临这样的挑战，并搜索相关的权威数据来做支撑

03. 请你写出××人群应该如何应对这个挑战呢

模板055：未来前置+方法简单+练习步骤

★写作公式

未来前置+方法简单+练习步骤

★举例说明

【未来前置】背下来，将来你也能口吐芬芳，妙语连珠！

很多人，就是用这个方法，提升了表达能力。

【方法简单】方法特别简单，每天5分钟跟练。

【练习步骤】

1.基础练习

每天花5分钟时间朗读一些优美的文章或诗歌，注意发音和语调的变化。

记录自己的朗读，回放并找出需要改进的地方。

2.情感表达

尝试模仿一些优秀的演讲者或播音员的情感表达方式，感受他们如何通过语音传递情感。

练习在不同情境下使用不同的语调和情感，比如开心、悲伤、激动等。

3.即兴演讲

每周进行一次即兴演讲练习，选择一个主题，准备30秒到1分钟的发言。

可以参加线下的活动，在真实的交流场景中提升自己。

4.持续坚持

将每天5分钟的跟练变成一种习惯，长期坚持下去。

设定小目标并逐步实现，逐渐增加难度。

从现在开始，跟我一起练起来吧！

★填空式模板

这样做，将来你也能_____。

方法特别简单，每天_____分钟_____。

1._____

2._____

3._____

从现在开始，跟我一起练起来吧！

★模板解析

1.将未来可能发生的积极结果提前呈现给用户，激发用户对未来的憧憬和期待，从而增强他们当前的行动动力。这种方法利用了人们对美好未来的向往，促使他们更愿意立即采取行动。

2.许多自媒体平台上的热门文案都采用了这种"未来前置"的技巧，让用户想象自己在未来达成的目标状态（如"1个月瘦15斤""这样做，你也能成为销冠"），来激发他们的动力。这种方式有效地利用了人们的自我期待心理，促使他们更愿意跟随指导去实现这些目标。

3.提出目标后，紧接着描写实现目标的方法非常简单，可以直接降低用户的畏难情绪。人们通常希望获得好的结果，但又不愿意付出太多努力。因此，明确告知用户只需轻松跟随步骤就能取得显著成效，可以大大提高他们的参与度和执行力。

4.《秒赞》的作者知名广告创意人林桂枝说：让"未来提前到来"，将美好的未来结果前置。在写文案的时候，多让未来提前到来，是非常好用的方法。

★AI快速创作

◎ 提示词

01.请你用"这样做，将来你也能_____"的句式，来写××产品带来效果

02.强调每天只需××分钟，降低读者的畏难情绪

03.提供详细的建议或者步骤，帮助读者明确操作方法

模板056：面临痛点+立刻改变+未来可能+引导互动

★写作公式

面临痛点+立刻改变+未来可能+引导互动

★举例说明

【面临痛点】你是否被困在一个不断循环的减肥困境中？体重秤上的数字总是无情地反弹回来，每次照镜子都觉得自己变"油腻"了。

【立刻改变】这套减肥餐，即刻吃起来，每天都在瘦。

早餐：可以选择_____，既营养又饱腹。

午餐：可以吃_____，保证蛋白质的摄入同时减少脂肪的摄取。

晚餐：以_____为主，既能满足口感又不增加额外热量。

此外，每天至少喝八杯水，帮助身体新陈代谢。

【未来可能】你会惊喜地发现，镜子里的你，身体线条变得更加紧致，衣橱里的衣服开始显得宽松。你在聚会上更加自信，更重要的是，你会拥有一个充满活力和健康的生活，不再受限于体重的束缚。

【引导互动】我准备了一份很详细笔记，想要了解更多，欢迎评论区留下"999"，我发给你。

★填空式模板

你是否被困在_____，每次_____反反复复折磨你。

这套_____方法，即刻用起来，每天都在_____。

给方法：

1. _____

2. _____

3. _____

你会惊喜地发现_____。

我还准备了一份详细笔记，想要了解更多，欢迎评论区留下"999"，我发给你。

★模板解析

1. 指出痛点，再提供方案作为补救措施，会让用户更重视你的产品。不仅要指出用户的困扰，还要深入挖掘这种困扰背后的情绪和更深层次的需求。

2. 人们普遍有"即时满足"的心理倾向，在文案中使用"快速"和"立刻"等词语能够触发这种心理，让用户感觉到他们的问题可以迅速得到解决，从而减少犹豫和拖延。

3. 描述一个美好的结果，还要尽可能地将其具象化，让用户能够在脑海中清晰地想象出那个场景，感受到那份喜悦和满足。为了那个未来的可能性而付诸行动。

4. 最后引导用户留言，增加互动。

★AI快速创作

◎ 提示词

01. 请你描述××人群会面临的痛点，并深入挖掘这种困扰背后的情绪和更深层次的需求

02.请你描述××产品能给出的解决方案，请在文案中多加入"快速""立刻"这类的词语

03.描述改变后，带来的美好未来画面，还要尽可能地将其具象化

模板057：使用效果+产品植入+你的未来+购买链接

★写作公式

使用效果+产品植入+你的未来+购买链接

★举例说明

【使用效果】最近，大家都说我的眼睛变得好有神！

【产品植入】这全都是因为使用了××眼霜，它富含天然植物精华，能有效改善眼部肌肤状态，黑眼圈和细纹也逐渐消失。

【你的未来】坚持使用，你也可以拥有漂亮有神的大眼睛。

【购买链接】立即点击这里，开启你的逆龄之旅！

★填空式模板

大家都说_____（具体夸赞/具体改变）！

这一切全都是因为使用了我们的_____（产品名称），它_____（产品特点），能有效_____（具体功效）。

坚持使用，你会发现你也可以拥有_____（附加好处/效果），_____。

每一天都充满（情感/状态），让你_____（总体形容）！

立即点击这里，开启你的_____（旅程/体验）！

★模板解析

1.文案中使用"最近，大家都说"这样的句式，引入第三方评价，增加可信度。

2.明确突出产品特点及其带来的具体好处，满足消费者了解产品实际效用的需求。

3.告诉用户"我现在的效果，你也可以拥有"。描绘长期使用产品后的理想状态，激发读者的向往和期待。

★AI快速创作

◎ 提示词

01.请你用"大家都说（具体夸赞/具体改变）"的句式开头，描述××产品

带来的××部分效果

02.详细介绍核心成分，以及使用后能带来的效果

03.描绘一个更加具体和生动的未来画面，强化产品带来的长期益处

模板058：市场趋势+你的优势+抢先布局

★写作公式

市场趋势+你的优势+抢先布局

★举例说明

【市场趋势】根据××咨询的报告，未来3年内，数字营销的市场规模预计将增长至×××。

因此，企业需要通过精准的内容策划，获得用户的注意。那么，文案是最关键的。

【你的优势】我们的文案课程由顶尖专家授课，涵盖全面的文案知识和实战技巧。很多学员学习后，成功将其店铺转化率提升了70%，销售额增长了50%。此外，课程内容紧跟市场热点，覆盖电商、金融、教育等众多行业，确保学员学以致用。

【抢先布局】想要在激烈的市场竞争中脱颖而出，提前布局是关键。

立即报名参加我们的文案课程，前100名报名者将获得价值500元的独家资料包，并有机会与顶尖专家一对一交流。

★填空式模板

根据_____报告，未来_____年内，_____的市场规模预计将增长至_____。

在这个快速发展的时代，想要_____，_____是关键。

不仅需要具备_____，还需要通过_____。因此，_____将成为未来的刚需。

我们的_____，涵盖全面的_____。通过_____，可以大幅提_____水平。

_____提升_____%，_____增长了_____%。

想要在激烈的市场竞争中脱颖而出，提前布局是关键。

立即报名，前_____名报名者将获得价值_____元的独家资料包。

★模板解析

1. 提供背景信息，说明当前市场的需求和发展方向。帮助读者理解为什么某个产品或服务是必要的，创造紧迫感。

2. 突出产品或服务的独特卖点，建立信任。通过具体数据和成功案例，增强说服力，让读者相信选择你的产品是明智的。

3. 鼓励读者立即采取行动，避免错失机会。提供明确的限时优惠或独家赠品，增加紧迫感。

★AI快速创作

◎ 提示词

01. 请你全方位搜索权威资料，说明××为什么是未来发展方向

02. 请你描述××产品可以解决上述问题，突出覆盖全面，提升效率/成交率等效果（要写出提升的具体倍数：例如提升5倍效率）

03. 描述限时优惠，前××名报名者获得价值××元的专属大礼包

模板059：时代变迁+习惯改变+你的机会+立即拥抱

★写作公式

时代变迁+习惯改变+你的机会+立即拥抱

★举例说明

【时代变迁】00后崛起，传统营销范式必须转变！

中国当前总人口的80%是由四个世代构成：Z世代、Y世代、X世代、婴儿潮。

【习惯改变】代际变迁中，不断涌现的潮流和趋势会影响各个世代，不同的人生阶段也会带来某些相对固定的需求偏好。

【你的机会】细分市场的洞察变得比以往任何时候都更加重要。

那些跨越人生阶段的世代特征将持续孕育细分市场机会。

4个消费世代各有不同的品牌偏好，其中以00后为核心的Z世代，需要以人

为本且通过数字化方法进行营销行为。

（展开具体分析）

【立即拥抱】抓住机会，在自媒体平台多展示自己。一个人就是一家公司，实现个人品牌和带货赚钱。

★填空式模板

_____崛起，传统_____必须转变！

当前，_____是由_____构成，包含了_____。

代际变迁中，不断涌现的潮流和趋势会影响各个世代，不同的人生阶段也会带来_____。

那些跨越人生阶段的世代特征将持续孕育_____。

其中以_____为核心的_____，需要_____。

抓住机会，在_____多展示自己。实现_____。

★模板解析

1. 上述文案是刘润的一场演讲中提到的，后来在小红书上很多人拆解，是很火的一篇内容，我摘录了其中的一些片段。

2. 通过分析时代变迁，让用户意识到未来趋势，快速抓住用户吸引力。

3. 紧接着深入分析环境和习惯的改变，帮助读者理解深层次原因，增加说服力。

4. 说明这个趋势中，我们普通大众的有哪些机会，激发读者对未来的想象。

5. 最后，呼吁行动，拥抱机会。

★AI快速创作

◎ 提示词

01.请你全方位搜索权威资料，分析00后、千禧一代的消费习惯、需求偏好等

02.针对上述人群的特征，请你分析我们能从中抓住什么机遇

03.最后鼓励用户立即行动，抓住机会

模板060：以后才知道+分享给你+关注我们

★写作公式

以后才知道+分享给你+关注我们

★举例说明

【以后才知道】出国以后才知道的5件事。

【分享给你】现在总结出来,分享给你:

1. 前沿的知识,永远不在课本里,课本是对过去知识的总结,它永远充满着滞后性。

2. 人有两次诞生,一次是从母体诞生;一次是离开家乡,打破根基,去到一个全新的环境中重新认识自己和社会。

3. 多和那些有想法、有行动力、有胆量、和你完全不是一个世界的人交朋友。

4. 别因小利,失去大的学习可能,在追求短期利益的同时,不要忽略了长远的发展和学习机会。

5. 年龄不该成为阻碍。不要让年龄成为你停止探索和进步的理由,活到老,学到老。

【关注我们】如果你想了解更多信息差,点击关注,了解更多出国后的真实体验和生活智慧!

★填空式模板

_____以后才知道的____件事。

现在总结出来,分享给你:

1. _____。

2. _____。

3. _____。

如果你想了解更多_____,点击关注_____。

★模板解析

1. 俗话说:"千金难买早知道"。你可以利用这个思路写文案,例如:"当了领导才知道""学了AI才知道""30岁以后才知道""创业以后才知道"。等于提前把一些未来才能知道的事情,提前告诉用户,自然会吸引用户。

2. 列举具体事项,帮助用户应用于他的生活和未来规划中。

3. 告知用户关注后将获得的内容类型,增加用户的黏性。

★AI快速创作

◎ 提示词

01. 请你按照"___以后才知道"的句式开头，创造了一种信息不对称的感觉

02. 请你总结3个深刻的观点，告诉用户要注意的事项

03. 强调关注××后，读者会获得更多信息

在每个人的心中，都有一幅未来的美好画卷正在缓缓展开。那份对未来的憧憬，就是文案的出发点。

以上10个模板立足未来视角，逆向推导出当下应采取的行动，激励用户即刻改变，进而提升成交率。

在撰写文案时，不妨深入思考：这项产品或服务能为未来带来哪些正面影响？同时，也可从"负面"角度出发警示用户，若当下不做出改变，未来可能面临的损失将难以估量。

第7节　轻松便利式文案成交

追求便利和逃避麻烦是人类天生的倾向。

我们之所以不断创新，正是为了追求更高的舒适度，减少不必要的努力。

老话常说："必要是发明之母。"但仔细想来，很多发明之母不是"必要"，而是"懒惰"。

在撰写文案时，若能通过具体细节明确展示产品或服务为用户提供的便捷与轻松体验，便能深深打动他们的内心。毕竟，在快节奏的生活中，每个人都期盼能在繁忙之余寻得片刻安逸。把握这一关键心理，你的文案便能精准触动人心，提高成交率。

模板061：时间短+少烦恼+方法好+快尝试

★写作公式

时间短+少烦恼+方法好+快尝试

★举例说明

【时间短】10分钟轻松搞定会议纪要，这样写真的快！

【少烦恼】在职场，你一定逃不过写会议纪要。很多人为此发愁，一写就头大。我在职场8年，写过上百份会议纪要，每次都被领导狠狠夸奖。今天教你一招，10分钟快速完成一份高质量会议纪要。

【方法好】

基本框架：会议主题+会议议程+下步计划+会后任务（提前准备好框架，开会时直接填写）。

会议议程：讨论主题+分析问题+负责人（直接用××工具录音转文字）。

大白话转书面语：把内容给××AI工具，输入指令××，1分钟转化。

会后任务：具体事项+责任人+完成时间（提前建立好表格）。

看完这4步，是不是瞬间缓口气。

【快尝试】好思路+好工具，轻松搞定会议纪要，极大解放生产力。××即可下载，快来尝试吧！

★填空式模板

_____分钟轻松搞定_____，这样_____真的_____！

在___，你一定逃不过。很多人为此发愁。

今天教你一招，_____分钟快速完成_____。

基本方法：

1. _____

2. _____

3. _____

好思路+好工具，轻松搞定___，极大解放生产力。_____即可，快来尝试吧！

★模板解析

1. 5分钟、10分钟这样的数字，会让人感受到一种轻松获得感，人们尝试的意愿就会更高。

2. 广告大师川上徹也曾经说："以秒为单位，最受欢迎的数字是1秒、3秒、5秒、7秒、10秒、15秒、20秒、30秒、60秒，以及90秒。10秒之后通常都是整数较受欢迎。不过也有例外，9秒是一位数的奇数，在我调查的范围内却没有人使用。另外，一位数的秒数当中4秒也没有人使用。 以分为单位的数字，也出现几乎一模一样的情况。只不过，以分为单位的数字，45分和50分相当受欢迎，这或许与学校的上课时间长度有关系。"。这些数据可作为参考。

3. 这种文案在各大平台上也很常见，无痕宣传产品，效果极好。且容易在评论区展开讨论，易出爆款。我刚开始做小红书，基本就是靠这一套公式快速吸粉，并接到广告合作的。

★AI快速创作

◎ 提示词

01. 用"××分钟轻松搞定××"这样的句式来开场，突出轻松搞定的感觉

02. 指出目标受众普遍面临的问题或困扰（如时间管理、任务繁重、压力大等）

03. 列出简单的操作步骤或实施指南，让读者能够轻松跟随

04. 设计一个有力的结尾，鼓励读者采取行动（如下载软件、参加课程、尝试方法等）

模板062：烦琐步骤+简化方案+节省时间+效率提升

★写作公式

烦琐步骤+简化方案+节省时间+效率提升

★举例说明

【烦琐步骤】下班回家面对一堆食材，烦琐的切洗、调味，还要时刻盯着火候，稍有不慎就可能影响口感。

【简化方案】AAA智能炒菜锅，一键操作，自动调节火候，精准控制每一道菜的最佳口感。

【节省时间】只需10分钟，轻松搞定一道美味佳肴！快速烹饪省时高效，让您的每一分钟都更有价值。

【效率提升】选择AAA智能炒菜锅，不仅让烹饪变得简单快捷，更是对品质生活的追求。

千万家庭的共同选择，快来体验不一样的烹饪乐趣吧！

★填空式模板

传统_____，烦琐又耗时_____。

____，一键操作，自动____，省时高效。

只需____分钟，轻松搞定____。

选择___，让烦琐的___变得简单。

★模板解析

1. 描述传统炒菜方式的烦琐带来的时间消耗，以此来突出用户痛点。

2. 抓住人们普遍有省事、省时间和提高效率的心理需求，在写文案的时候，突出"简单省事"的卖点，增加文案的吸引力。

3. 结合模板061，加入"短时间解决"的概念（例如10分钟、5分钟等），能够进一步让用户感受到产品的便捷性和高效性，从而提升购买意愿。

4. 最后强调，这是"千万家庭的共同选择"，引导用户跟随。

★AI快速创作

◎ 提示词

01. 描绘一个××场景，让用户身临其境感受××步骤烦琐的痛点

02. 强调××产品便捷性和高效性，使用简洁的语言描述其一键操作和自动化的功能

03. 添加具体的时间，如"5分钟搞定一道美味佳肴"，使文案更具吸引力和可信度

04. 在文案末尾加入引导性的话语，说明是大众的不二选择

模板063：多重需求+全面满足+一站式服务+轻松享受

★写作公式

多重需求+全面满足+一站式服务+轻松享受

★举例说明

【多重需求】现代家居生活中，我们既追求舒适，又希望环保，还要安全性高，且要经济实惠。

【全面满足】全屋智能家居系统X50，全面满足您对家居生活的多重需求。通过智能温控、灯光控制、家电远程操控等功能，不仅提升了居住的舒适度和便利性，还实现了节能环保和高效能源管理，每年可节省20%的电费。此外，系统

还配备了先进的安防监控功能，确保家庭安全无忧。

【一站式服务】无须烦琐安装和设置，全屋智能家居系统X50提供一站式服务。专业的技术团队会为您提供全面的系统设计和安装服务，无论是日常使用还是特殊需求，只需通过手机APP或语音助手即可轻松掌控家中各项设备。

【轻松享受】体验高效、便捷、智能的家居服务，享受轻松愉快的家庭生活！

★填空式模板

现代_____中，我们既追求_____，又希望_____，还要_____，且要_____。

_____，全面满足您对_____的多重需求。通过_____，不仅提升了_____，还实现了_____。

每年可节省_____。

无须烦琐_____，_____提供一站式服务。只需_____。

体验高效、便捷、智能的_____，享受轻松愉快的_____！

★模板解析

1. 人们在做购买决定的时候，往往是多种需求。就像常说的那句话："小孩子才做选择，成年人既要、也要、还要"。在文案中明确列出具体的多重需求（如舒适、环保、安全、经济实惠），有助于消费者快速对号入座，感受到产品的全面性和针对性。

2. 展示了产品的实际价值和好处，让消费者看到购买的必要性。说明这些功能如何改善他们的生活质量，增加购买的动力。

3. 抓住人们想省事的心理需求，在文案中多使用"一站式服务"的描述，让消费者感受到产品带来的便捷和高效，降低了购买决策的复杂性和阻力。

★AI快速创作

◎ 提示词

01. 请你在文案中明确列出××人群的多重需求（如舒适、环保、安全、经济实惠）

02. 描述××产品的功能，提供具体的数据（如节能比例、节省费用等）来增强说服力

03. 将产品的功能与消费者的日常生活紧密联系起来，说明这些功能如何改

善他们的生活质量

04. 详细描述一站式服务的具体内容和优势（如专业团队支持、全程无忧等），让消费者感受到从购买到使用的每一个环节都得到了妥善安排

模板064：懒人必备+套餐服务+快速上手+省脑省力

★写作公式

懒人必备+套餐服务+快速上手+省脑省力

★举例说明

【懒人必备】懒人必备的5个自媒体工具

【套餐服务】许多朋友想空闲时间做自媒体，但面临两大难点：

一方面单枪匹马，效率较低；另一方面还要学习各种工具，好复杂。

今天就给大家推荐一些简单又好用的自媒体工具：

1. 剪辑工具

××剪辑：超级方便，无论是短视频还是长视频，都能让你一键搞定。

2. 拍摄工具

××相机：手残党也能拍出大片。××相机拥有智能场景识别和自动优化功能，即使没有专业摄影技巧，也能轻松拍出高质量的照片和视频。

3. 写作工具

××文案生成器：只要给出关键词，5分钟生成一篇文案。无论是社交媒体帖子还是广告文案，都能快速为你提供创意十足的内容。

4. 作图工具

××绘图：简单易用，快速生成精美的图片。无论是海报、封面还是社交媒体配图，××绘图都能满足你的需求，让你轻松拥有专业级的视觉效果。

5. 运营工具

××分析：全面监控和分析自媒体账号的表现，提供数据驱动的运营建议。让你了解粉丝行为，优化内容策略，提升影响力。

【快速上手】每个工具都超级简单，即使你是自媒体新手，也能快速上手。

【省脑省力】不用再学习复杂的工具了，节省大量学习和操作的时间。让你

有更多时间享受生活，专注于创意和表达。

★填空式模板

懒人必备的＿＿＿个＿＿＿工具。

＿＿＿＿＿中面临的＿＿＿＿＿痛点：

一方面＿＿＿＿效率较低；另一方面＿＿＿＿好复杂。

今天就给大家推荐一套简单好用的工具：

1.＿＿＿＿＿，一键搞定；

2.＿＿＿＿＿，5分钟生成；

3.＿＿＿＿＿，轻松拥有；

4.＿＿＿＿＿，快速上手；

5.＿＿＿＿＿，超级方便。

省脑又省力，再也不用为＿＿＿＿＿烦恼了。

★模板解析

1.有一种痛点，叫作"我很懒"。这种痛点恰好人人都有，但正是这种懒惰，催生了各种"懒人包"的诞生，帮人们提高了效率。

2.所谓套餐，就是搭配起来，满足不同方面的需求，让你在方便中感受到更进一步的方便。这也是常见的营销模式。你有没有发现，快餐店会提前设置饭菜套餐，我们点餐只需一键选择套餐，吃的喝的都有了，超级方便。护肤品商家也会设置一键加购的超值大礼包，精华眼霜爽肤水套装，直接全给"懒人"消费者安排上。

3.现代人希望产品简单易用，能够快速上手。这种便捷的服务方式，极大地满足了消费者对高效、省力的需求。

★AI快速创作

◎ 提示词

01.请你描述××人群"懒"的具体表现，如"不想花时间研究复杂操作""希望一切都能一键搞定"等，使痛点描述更具代入感

02.在文案中明确地突出套餐特点，如"××工具套餐，满足你自媒体创作的所有需求"，强化消费者对便捷性的感知

03.在文案中增加具体的案例或数据支持，如"使用××工具后，节省了

××%的时间成本""新手也能10分钟搞定"等句式

04.进一步拓展情感连接，如"释放双手，拥抱美好生活"，促进和用户的情感共鸣

模板065：轻松完成+模板套用+新手友好+随时随地

★写作公式

轻松完成+模板套用+新手友好+随时随地

★举例说明

【轻松完成】轻松写出阅读量100000+的创意文案，再也不用为灵感枯竭而烦恼。

【模板套用】智能文案生成器，海量模板任你挑选，一键适配各种场景，快速生成高质量内容。

【新手友好】无须专业技能，小白也能秒变文案高手。

【随时随地】支持多平台使用，让你随时随地应对各种营销需求。真正实现高效工作。

★填空式模板

轻松搞定_____，再也不用为_____而烦恼。

_____，海量模板任你挑选，一键适配_____，快速_____。

无须专业技能，小白也能_____。

支持多平台使用，让你随时随地应对各种_____。

★模板解析

1. 我们口口声声说想学习，但是面对复杂又想退缩。其实人人都想有"捷径"可走，做任何事情都希望有固定的SOP（标准作业程序）和模板可以"直接抄"。强调"模板套用"满足了用户对于快速、便捷解决方案的渴望，让用户有"抄作业"的爽感。

2. 突出产品的易用性，降低了用户的使用门槛，进一步促进用户想要尝试。

3. 描写产品可以随时随地帮你应急，体现了产品的灵活性和便捷性，进一步激发购买欲。

4. 按照心理需求来说，需要经过一番辛劳才能获得成果的事情，强调"轻松达成"就是重点。

★**AI快速创作**

◎ 提示词

01. 请撰写一篇文案，强调××产品能够让用户轻松完成工作，减轻用户心理负担

02. 请在文案中突出模板套用的功能，让用户感觉到有现成的解决方案可以直接使用

03. 请强调××产品的易用性，让新手用户也能轻松上手

04. 请展示产品的随时随地使用功能，强调其灵活性和便捷性

模板066：超简单+都可以+你只要+去尝试

★写作公式

超简单+都可以+你只要+去尝试

★举例说明

【超简单】简单到难以想象的拍照方法。

【都可以】无论是谁，都能快速拍出大片。

【你只要】你只要掌握5个简单的构图技巧，就可以搞定常见的生活照。

拍人物：注意三分法构图，将人物放在画面的三分之一处，突出主体，利用自然光展现人物的神态。

拍美食：运用对角线构图，让美食更具动感和层次感，选择合适的光线突出食物的质感和色彩。

拍办公：尝试简洁的背景，利用对称或中心构图，突出办公环境和工作的专业性。

拍聚会：捕捉人物互动的瞬间，使用广角镜头容纳更多场景，展现聚会的热闹氛围。

拍风景：使用前景元素增加画面深度，运用水平线构图保持画面的平衡，突出远处的风景。

【去尝试】赶紧拿起手机，尝试在不同的场景中运用这些构图技巧，你会发现拍照原来如此简单又有趣。

★填空式模板

简单到难以想象的_____方法。

无论是谁，都能_____。

你只要掌握_____个简单的_____技巧，就可以搞定_____：

1. _____

2. _____

3. _____

……

尝试在不同的场景中运用这些___技巧，你会发现___原来如此简单又有趣。

★模板解析

1. 许多人在面对新事物时会有恐惧和不确定感，担心自己做不好或者跟不上潮流。进一步降低门槛，用"超简单""无论是谁都可以"这样的句式，再次降低了用户的心理负担。

2. 列出简单的步骤或技巧，为用户提供清晰的行动路径。这种实操性的指导能够增强用户的信心，使他们更容易按照文案所说去行动。

3. 鼓励用户来尝试，刺激了用户的行动意愿，促使他们从阅读者转变为实践者。

4. 生活已经很不容易了，人们不想再消耗自己的脑力做任何事。越简单越有吸引力。

★AI快速创作

◎ 提示词

01. 创作一份强调"超简单""都可以"和"你只要"这三个关键词的××文案，让用户感受到可能性

02. 请你写出想要达成××效果，简单易行，无须复杂的步骤或专业知识

03. 强调只需遵循几个基本原则，即可轻松实现××目标/效果

04. 使用亲切、鼓励的语言，突出简单易行的特点，让每个用户都能轻松理解和执行

模板067：省时省力+见效快+效果好+快加入

★写作公式

省时省力+见效快+效果好+快加入

★举例说明

【省时省力】每天10分钟，简单操作，随时随地瘦肚子！

【见效快】一个月就能紧致腹部，塑造完美曲线。这也是明星都在用的瘦身运动法。

【效果好】不反弹，无损健康，效果持久。

【快加入】告别赘肉，享受健康美丽！快来加入我们吧！

★填空式模板

每天_____，简易步骤，随地可行_____！

_____就能达到_____效果。这也是明星都在用的_____法，有益于_____，效果持久。

挥别_____，拥抱_____！快来加入我们吧！

★模板解析

1. 省时省力永远都是刚性需求。直接点明了产品"省时省力""见效快"等，让消费者感受到轻松感。

2. 通过具体的数据和时间（如"每天10分钟""一个月"）来量化效果，增加了文案的吸引力。

3. 提到"明星都在用的瘦身运动法"，利用名人效应提高消费者的信任度和兴趣。

★AI快速创作

◎ 提示词

01. 请你突出××产品的核心特点，省时省力、便捷操作、简单易用等

02. 请你写出使用××产品后见效很快。通过具体的数据和时间（如"每天10分钟""一个月"）来量化效果

03. 采用"立即尝试、快来加入、马上体验"等形式，鼓励用户行动

模板068：瞬间改变+产品特点+多款可选+值得拥有

★写作公式

瞬间改变+产品特点+多款可选+值得拥有

★举例说明

【瞬间改变】穿这个打底裤，大家都说我瘦了！

【产品特点】采用高弹性面料，轻松修饰腿部线条，毫无紧绷感，让你瞬间拥有纤细美腿。独特收腹提臀设计，有效隐藏赘肉，让你的臀部更翘，整体身材紧致有型。

【多款可选】我们提供多种型号和风格供你选择，无论你是身材高挑还是娇小玲珑，都能找到最适合你的那一款。多样的颜色和图案设计，满足你不同的穿搭需求，让你在展现个性的同时，享受极致的舒适与时尚。

【值得拥有】快来试试这款神奇打底裤吧！相信它会成为你衣橱中不可或缺的一部分！

★填空式模板

使用这款_____，所有人都夸我_____了。

采用_____技术，轻松实现_____功能，完全无_____感，让你瞬间享受_____。

我们提供多种_____和_____供您选择，无论您的需求是_____还是_____，都能找到最适合您的那一款。

丰富的_____和_____设计，满足您不同的_____需求，让您在享受_____的同时，体验极致的_____与_____。

赶快尝试这款神奇的_____吧！相信它会成为您生活中_____的一部分！

★模板解析

1. 每个人都希望偶然的好事发生在自己身上，但是又不想努力，如果有一个产品可以让这个愿望实现，就能抓住读者吸引力。文案一开始就用"瞬间改变"，明确传达了产品的即时效果，这是营销中常用的策略。

2. 通过详细描述产品的特点和优势，进一步强化印象。

3. 展示了产品的多样性和包容性，满足了不同消费者的个性化需求。

★AI快速创作

◎ 提示词

01. 请你用第三视角来描述××产品的好处，例如："敷了3晚，人人都说我变白了""穿这个打底裤，大家都说我瘦了"

02. 请你描写，为什么××产品能达到这个效果，详细描述产品的特点和优势

03. 强调××产品有多种款式可选，满足各种场合需求

模板069：放大价值+坐享其成+具体讲解+点赞收藏

★写作公式

放大价值+坐享其成+具体讲解+点赞收藏

★举例说明

【放大价值】我只做了一件事，文章阅读量就超过了10万次！

【坐享其成】方法用对了，可以达到惊人的效果，有种躺赢的感觉。

【具体讲解】只需使用这个写作工具，首先×××，其次×××。

【点赞收藏】赶紧点赞收藏，自己偷偷练起来。

★填空式模板

我只做了一件事，_____（成果）达到了_____（具体数字/效果）！

方法用对了，有种躺赢的感觉。

只需掌握一个简单技巧或使用便捷工具，就能轻松实现_____（惊人效果）。

首先_____，其次_____。

赶紧点赞收藏，自己偷偷练起来。

★模板解析

1. 这个模板通过强调成果、简单方法和具体步骤，吸引消费者的注意，并鼓励他们点赞和收藏，从而提高产品的曝光度和用户黏性。

2. 通过突出显著的成果（如10万次的播放量），迅速抓住读者的注意力，并激发他们的好奇心和欲望，想要了解背后的秘密。

3. 传递了一种轻松达成目标的印象，让读者感觉到不需要付出太多努力就

能获得巨大回报。利用人们追求高效、便捷的心理，以及"少劳多得"的心理需求，来增强信息的吸引力。

4. 提供具体的步骤或方法，增加了内容的实用性，使读者能够跟随指导去实施。

5. 最后呼吁大家进行互动，产生话题性，自然会增强用户的兴趣，增加用户向你咨询的可能性，从而达成交。

★AI快速创作

◎ 提示词

01. 请你描述一个具体的、吸引人的成果或数字，用以吸引读者的注意力（例如："销售额增长了300%"）

02. 说明通过某种方法可以轻松地达到令人向往的结果（例如："只需一周时间，让你轻松瘦身10斤"）

03. 简要概述实现目标所需的关键步骤或方法（例如："首先调整饮食结构，其次坚持每天锻炼30分钟"）

04. 一个明确的行动号召，鼓励读者采取下一步行动（例如："现在就点击链接，获取完整瘦身计划"）

模板070：对比冲击+走出误区+简单方法+引导互动

★写作公式

对比冲击+走出误区+简单方法+引导互动

★举例说明

【对比冲击】别人5小时才能完成的PPT，我10分钟搞定。

【走出误区】如果你还在手动做PPT，那你就大错特错了。

【简单方法】大师们都在用××××，根据模板，写出关键词，就能一键生成PPT，你再结合实际去略微调整，10分钟搞定，你还不学起来吗？

【引导互动】评论区告诉，你做PPT遇到的难点。

★填空式模板

别人_____才能完成的_____（任务），我只用_____就能搞定！

如果你还在_____（传统方法）做_____（任务），那你就大错特错了！

大师们都在用_____（产品/方法），只需_____（操作步骤），就能

_____。

评论区告诉大家，你在做_____时遇到的最大难点是什么？

★模板解析

1. 通过强烈的对比（如"5小时对比10分钟"），让观众对如此高效的成果产生好奇心。

2. 人人都想要轻松完成工作，摆脱烦琐的过程，抓住这一点制造对比，更有冲击力。

3. 识别并强调观众的痛点（如做PPT耗时费力），然后提供解决方案，满足他们的需求。

4. 通过强调节省时间的益处，触及了人们对效率和便捷的需求。通过强调使用模板和关键词就能一键生成，简化了原本复杂的过程。很容易击中有需求的精准用户。

★AI快速创作

◎ 提示词

01. 请你用对比手法，写出完成××制作时间的效率，例如，别人5小时才能完成的报告制作，我10分钟搞定

02. 强调现在有了效率工具，才帮助你快速完成

03. 请你植入××产品，只需要简单三步操作，就能一键搞定××工作

04. 请引导用户在评论区进行互动

只要你能帮助人们省事、省心、省力，都能俘获一大批用户。

以上10个模板从轻松、便利的角度出发，帮助用户节省时间、提升效率。

谁不想活得轻松？谁不想妙计百出？谁不想与时俱进？谁不想享受假期？这样的文案，怎能不让人心动呢？

第8节 提醒式文案成交

我们常常会在不知不觉中陷入误区，这时候多么希望有一个人能够提醒自己。

若你能一语道破，立刻警醒用户，就能促使他们迅速做出改变，甚至当场实现成交。

这样的文案其实并不神秘，只是我们常常夸大知识的魅力，误以为某些常识是人人都懂的。然而，你所精通的专业知识，对大多数人而言却是一笔未知的财富。

在与他人交流或解答客户疑问时，稍加留意，这些知识点就能被发现。多分享这些内容，不仅能展现你的专业，更能体现你对他们的关心，那么成交自然也就变得更加容易。

模板071：雷区警告+细节描述+严重后果+解决方法

★写作公式

雷区警告+细节描述+严重后果+解决方法

★举例说明

【雷区警告】广大车主千万不能踩的3个致命雷区！

【细节描述】

1. 不定期保养：很多车主觉得只要车还能跑，就没必要按时保养。

2. 忽略小问题：对车辆的小故障视而不见，认为不会酿成大祸。

3. 使用不合格配件：为了省点小钱，选择非原厂或劣质配件进行维修。

【严重后果】

安全隐患：劣质配件可能导致刹车失灵、发动机故障等严重问题，直接威胁你的生命安全。

高额维修费：小问题不处理，最终会变成大故障，让你不得不支付天价维修费。

【解决方法】你是否也曾陷入过这些误区？立即关注我们的官方微信公众号

【×××】，获取更多专业保养知识和实用技巧，让你的每一次出行都更加安心愉快！

★填空式模板

_____必知的_____个致命雷区！

1. _____。

2. _____。

3. _____。

……

_____可能导致_____、_____等严重问题，直接威胁你的生命安全。

小问题不处理，最终会变成大故障，让你不得不_____。

你是否也曾有过这些误区？立即关注_____。

★模板解析

1. 一个警告，可以让疲惫的人们打起十二分精神，瞬间引起人们的注意力。人们通常对潜在的危险或不利情况有天然的警觉性，通过这种思路来写文案，能有效激发他们的关注。

2. 明确列出目标群体（如车主）常忽视的关键问题，这些问题通常是日常生活中容易被忽略的小细节。

3. 强调这些问题的严重后果，从而增强信息的紧迫感和重要性，促使读者重新评估和重视这些问题。

4. 引导读者关注特定的信息源或平台，建立长期的互动和信息传递渠道。不仅提升了信息的持续影响力，也便于后续的营销活动。

★AI快速创作

◎ 提示词

01. 请你列出××人群（目标群体）常犯的3个主要错误或容易忽视的问题

02. 描述这些误区可能导致的负面影响或后果

03. 如果有相关的真实故事或统计数据，要写进文案中，增强文案的说服力

04. 最后提供具体的行动呼吁，例如关注某个社交媒体账号、访问某个网站或参加某项活动

模板072：尴尬时刻+解决方案+效果承诺

★写作公式

尴尬时刻+ 解决方案+效果承诺

★举例说明

【尴尬时刻】一说话嘴巴里一股味道，很可能让人想要远离你，和你接触的人又不好意思明说。

【解决方案】试试××牌漱口水，专为清新口气设计，让你告别口腔异味的困扰。

【效果承诺】瞬间去除口腔异味，持久保护，让你随时随地自信满满。

★填空式模板

_____（某个问题），让人想要远离你，却又不好意思明说。

试试_____，专为_____设计，让你告别_____的困扰。

瞬间_____，让你随时随地_____。

★模板解析

1. 人人都有自尊心，写文案的时候，描述一个令人尴尬的情境（如口腔异味），轻轻触及用户的自尊心。这种写法利用了人们对于社会认同和个人形象的敏感性，从而迅速吸引他们的注意力。

2. 注意，在描述尴尬情境时，采用温和而非指责的语气，体现了对用户的理解和尊重，避免了可能的负面情绪反应。

3. 在引起用户共鸣后，文案自然过渡到介绍产品（如漱口水），作为解决所描述问题的有效手段。

4. 最后，描述使用产品后所能达到的效果，推动用户做出购买决定。

★AI快速创作

◎ 提示词

01. 描述一个关于××时，遇到的尴尬或不舒服的场景

02. 呼吁用户试试××产品，强调它是专门为解决××问题设计

03. 列出产品的关键特性或优势，这些特性直接解决上述尴尬情境中提到的问题

04.描述使用产品后预期达到的效果或改变，确保这些描述具有吸引力和说服力

05.语气：文案采用温和、关怀的语气，避免指责或负面情绪

模板073：请注意+坏习惯+有危害+去改变

★写作公式

请注意+坏习惯+有危害+去改变

★举例说明

【请注意】在办公室老坐着，容易大脑退化。

【坏习惯】很多职场人，长时间坐在办公桌前，缺乏适当的活动和运动。

【有危害】时间长了，就会威胁你的健康。

1.缺乏活动会导致大脑供氧不足，容易出现注意力不集中、记忆力减退等问题。

2.久坐不动会使颈椎和腰椎承受过大的压力，导致慢性疼痛甚至病变。

3.长期久坐会导致血液循环不畅，容易肥胖。

【去改变】因此一定要主动预防。

1.定时起身活动：每隔一小时起身走动几分钟，做一些简单的伸展运动。

2.合理安排时间：工作结束后，要进行短暂的散步或运动，增加身体的活动量。

3.使用站立办公桌：考虑使用【站立办公桌】，适时站立工作，缓解久坐带来的不适，提升整体健康水平。办公桌配备智能控制系统，一键调节高度，操作简便，让你轻松切换站立与坐姿工作模式。

无论是家庭办公还是公司使用，我们的站立办公桌都能完美融入你的工作环境，提升整体办公体验。

告别久坐烦恼！选择【站立办公桌】，让健康与工作效率同步提升！

★填空式模板

注意啦！＿＿＿＿＿＿，容易导致＿＿＿＿＿＿。

很多＿＿＿＿＿＿，长时间＿＿＿＿＿＿，缺乏＿＿＿＿＿＿。

时间长了，就会威胁你的＿＿＿＿＿＿。

因此一定要主动预防。

1.＿＿＿＿＿＿＿＿＿＿＿＿＿＿＿＿＿＿＿（方法1）

2.＿＿＿＿＿＿＿＿＿＿＿＿＿＿＿＿＿＿＿（方法2）

3.考虑使用【产品植入】，缓解＿＿＿＿＿＿带来的不适，提升＿＿＿＿＿＿的健康水平。让你轻松＿＿＿＿＿＿。

告别＿＿＿＿＿＿烦恼！选择【＿＿＿＿＿＿】，让＿＿＿＿＿＿与＿＿＿＿＿＿同步提升！

★模板解析

1.安全需求是人类的基本需求，如果这个层面出问题，一切归零。利用了人们对安全的本能关注，制造一种危机感，你的文案就会自带吸引力。

2.在文案的开头直接点出注意事项，提醒读者关注某个特定问题。

3.紧接着详细地描述危害性，使读者更清晰地认识到问题的严重性，从而激发他们改变现状的动机。

4.通过提供切实可行的解决方案，不仅解决了用户的痛点，还成功地将产品推荐给他们，实现了营销目的。

★AI快速创作

◎ 提示词

01.请你用一句话描述××行为可能带来的危害。例如："在办公室老坐着，容易大脑退化"

02.描述长期形成的坏习惯以及这些习惯如何逐步侵蚀安全需求，导致潜在的危害

03.通过列举具体的负面影响，增强读者的危机感和紧迫感

04.在解决方案部分巧妙地植入××产品，提供具体的应对措施

模板074：潜在问题+原因解析+预防策略

★写作公式

潜在问题+原因解析+预防策略

★举例说明

【潜在问题】原本以为轻微漏水没什么。完全没有想到，一年后会有这般悲剧：我的整个房间都浸满了水，家具、电器无一幸免，损失惨重。

【原因解析】忽视初期漏水问题，防水材料老化和施工不规范导致隐患逐渐放大。

【预防策略】选择AAA防水系统，采用优质材料和专业施工，定期检查维护，杜绝漏水风险。

别等到灾难降临才追悔莫及！提前为您的家打造一道坚固的水防线。

★填空式模板

原本以为＿＿＿＿，完全没有想到，会有这般悲剧。

我的＿＿＿＿，无一幸免。

忽视＿＿＿＿，导致隐患逐渐放大。

选择＿＿＿＿，采用＿＿＿＿，杜绝＿＿＿＿。

别等到＿＿＿＿才追悔莫及！

提前为您的＿＿＿＿打造一道坚固的＿＿＿＿。

★模板解析

1. 提醒用户某件事可能存在的潜在问题及其后果，引起用户注意。

2. 将一个小问题放大到其可能导致的严重后果，以此来强调问题的严重性和紧迫性。

3. 明确指出问题的根源，帮助读者理解为何会发生这样的情况。

4. 给出一个具体的解决方案（植入产品），并列举其优势（例如，优质材料、专业、全面等），以此来解决读者心中的痛点。

5. 使用"别等到灾难降临才追悔莫及"这样的紧迫性语言，促使读者立即采取行动。

★AI快速创作

◎ 提示词

01. 描述××场景/人群，常被忽视的潜在问题。采用"原本以为＿＿＿，完全没有想到会有这般悲剧"的句式开头

02. 展示该问题若不加以处理可能导致的极端负面后果

03. 分析导致问题恶化的原因。例如，人为忽视、材料老化、不规范操作等

04. 提供一个针对性的解决方案，植入××产品，强调其优势和必要性

05. 使用紧迫性语言呼吁读者立即采取行动

以电脑硬件老化为例，效果见图54。

【潜在问题】：原本以为偶尔的电脑卡顿只是小问题。完全没有想到，几个月后会导致数据丢失。

【问题暴露】：我的所有重要文件和照片都不见了，工作和生活受到严重影响。

【原因解析】：忽视早期的硬件老化，未进行定期维护和数据备份，导致系统崩溃。

【预防策略】：选择高效能的电脑维护服务，定期进行硬件检查和数据备份，防止数据丢失。别等到数据丢失才追悔莫及!提前为您的数字世界打造一道坚固的保护墙。

图 54

模板075：揭示误区+强调后果+提供方案

★写作公式

揭示误区+强调后果+提供方案

★举例说明

【揭示误区】很多人认为护肤品越贵越好，盲目追求大牌。

【强调后果】实际上，不根据自己的肤质选择护肤品，反而可能导致肌肤问题加重，甚至引发敏感肌。

【提供方案】试试我们的个性化护肤方案，专业检测肤质，为您量身定制专属护肤品，让您用对用好又省钱，肌肤焕发自然光彩。

★填空式模板

很多_____认为_____，盲目_____。

实际上，不_____反而可能导致_____。

试试我们的_____，专业_____，为您量身定制专属_____，让您用好用对又省钱。

★模板解析

1. 提醒某个群体可能普遍存在的错误认知或习惯，这种误区往往是他们没有

意识到的，但对他们的决策或行为有着重要影响。毕竟先知道问题，才会有改正的意识。

2. 接着强调如果继续坚持这种误区会带来的负面后果，使目标群体认识到问题的严重性，从而产生改变的动力。

3. 最后给出针对性的解决方案，强调该方案能够有效解决他们的问题，并带来显著的益处，促使他们迅速做出决策和行动。

★AI快速创作

◎ 提示词

01. 针对××群体普遍存在的"某个具体"的误区进行揭示，引起目标群体的共鸣和关注

02. 强调可能带来的严重后果，使用户意识到问题的严重性，从而产生改变的动力

03. 给出针对性的解决方案并植入××产品，强调其有××特点，有效解决××问题

模板076：以小见大+提醒注意+做出改变

★写作公式

以小见大+提醒注意+做出改变

★举例说明

【以小见大】你杂乱无序的电脑桌面，就是你人生的缩影。

【提醒注意】每天面对堆积如山的文件、密密麻麻的图标和无数的快捷方式，你是否感到工作效率在下降？杂乱无序就是你的人生的写照，更可能拖慢你的工作进度，让你在寻找文件时浪费时间。尤其是紧急任务时，简直让人抓狂！

【做出改变】立即下载"桌面整理大师"应用，它可以帮助你自动分类文件、清理无用图标，并提供智能搜索功能。告别桌面杂乱，提升工作效率。让每一次工作都变得轻松愉快。

★填空式模板

你_____的状态，就是你_____的缩影。

每天面对_____和_____，你是否感到_____在下降？

_____就是你的_____的写照，更可能让你_____。

立即_____，它可以帮助你_____，并提供_____功能。

告别_____，提升_____。让每一次_____都变得轻松愉快。

★模板解析

1. 通过具体的、细小的元素来反映更大的问题或趋势，提醒用户注意。

2. 通过指出问题的存在，唤起受众的警觉和反思、自我审视，激发他们解决问题的欲望。

3. 在揭示问题后，提供具体的解决方案或产品，给受众一个明确的方向，减少他们的决策成本。

★AI快速创作

◎ 提示词

01. 请你采用微观放大的形式来描写文案，××现象背后反映了人生的某个大问题

02. 请你提醒用户，眼前的这个小问题，可能会带来什么大后果

03. 介绍××产品，可以解决上述问题。说明××产品有哪些独特之处，可以精准帮助用户

模板077：重要场合+尴尬难堪+帮你应急+保护尊严

★写作公式

重要场合+ 尴尬难堪+帮你应急+保护尊严

★举例说明

【重要场合】几分钟就要拉一下内衣带子，庄重时刻你怎么办？

【尴尬难堪】重要场合中，内衣带子突然滑落，瞬间成为焦点，尴尬难堪，自信尽失。

【帮你应急】"隐形内衣带固定器"来救场。小巧设计，迅速隐秘固定，避免尴尬瞬间。

【保护尊严】这款固定器不仅应急，更让你在任何场合自信专业，专注展现魅力，真正保护面子和尊严。

★填空式模板

_____就要_____，庄重时刻你怎么办？

重要场合中，_____突然_____，尴尬难堪，自信尽失。

别担心！_____来救场，迅速_____，避免尴尬瞬间。

_____不仅应急，更让你在任何场合_____，真正保护面子和尊严。

★模板解析

1. 人们经常会面临一些重要的场合，可以从这些细节入手，用提醒的形式来写文案，使他们更容易记住并认同所提出的问题。

2. 针对问题，提出的解决方案，强调产品能带来的好处，以及能保护消费者的尊严和自信，一旦触及更深层次的心理需求，就能瞬间提升产品的吸引力。

3. 通过展示问题的严重性和解决方案的有效性，引导消费者产生购买欲望并采取行动。

★AI快速创作

◎ 提示词

01. 强调××情境下，常见的尴尬情境

02. 描述在这种情境下的尴尬表现，例如：衣物突然移位，瞬间吸引所有目光

03. 描述这种情况让你感到的情感反应，例如：极度尴尬，自信全无

04. 告诉用户××产品可以解决这类问题，帮你避免尴尬

05. 阐述持续使用产品或服务能带来的更深层次的改变

模板078：温馨提醒+生活场景+常备产品+行动诱导

★写作公式

温馨提醒+ 生活场景+常备产品+行动诱导

★举例说明

【温馨提醒】伙伴们，提醒你一句，最近换季，辛辣油腻和熬夜会让你的肌肤面临大考验，小心下巴、额头狂爆痘！

【生活场景】下班聚餐，火锅、烧烤、麻辣烫……每一口都是味蕾的狂欢。加班到深夜，疯狂刷手机，放松自己，但肌肤却在默默抗议。

【常备产品】紊乱的生活节奏加上季节干燥，肌肤容易冒痘。试试"清颜守护面膜"，迅速舒缓肌肤压力，平衡油脂分泌，预防痘痘生成。

【行动诱导】在这个换季的关键时刻，给自己备上一盒"清颜守护面膜"。每晚睡前敷一片，让肌肤在睡梦中焕发清新光彩，迎接每一个美好的早晨。

★填空式模板

提醒你一句，最近_____，_____会让你的_____。

忙了一天，_____，_____在默默抗议。

试试_____，富含_____。

迅速解决_____（如：舒缓肌肤压力、促进消化等），预防_____（如：痘痘生成、身体不适等）。

在这个_____的关键时刻，给自己备上_____迎接每一个_____（如：美好的早晨、健康的日子等）。

★模板解析

1. 通过温馨提醒和生活场景的描述切入主题，更容易有代入感。温馨提醒不仅仅是对一个问题的简单陈述，它还传递了一种关怀。

2. 描述的生活场景要从大多数人的日常生活入手，当受众在文案中看到与自己相似的生活场景时，会产生镜像效应，即他们会在心理上将自己与场景中的角色对等起来，从而更自然地识别出自己的需求。

3. 人们天生具有风险规避的心理，通过强调预防措施（如常备某产品）来满足这种心理需求，使受众感到更加安心。

★AI快速创作

◎ 提示词

01. 请你描述××群体，常会遇见的××问题

02. 详细描述一个与目标受众日常生活紧密相关的场景

03. 请你用温馨提示的语言风格，来提醒受众注意××问题

04. 呼吁用户常备或定期使用该产品，从而获得长期收益

◎ 提示词组合示例

"针对长时间办公导致的颈肩酸痛，描述他们在电脑前工作的具体场景，用温馨提示的语言风格，来提醒受众注意颈肩酸痛的问题，强调这种疼痛对他们日

常生活的影响，呼吁他们常备一款便携式按摩器来缓解疼痛。"

模板079：99%人忽略+原因分析+纠错改进 +再次强调

★写作公式

99%人忽略+原因分析+纠错改进 +再次强调

★举例说明

【99%人忽略】被99%人忽略的重点，这才是快速创作的秘诀。

【原因分析】很多人动笔前思绪飞翔，但动笔时灵感好像被掏空，往往就是因为不记录思考过程导致的。

记录下来，就好比把看不见、抓不住的无形状态，变成了看得见、抓得住的有形状态。通过标志强化记忆，当然会让你事半功倍。

【纠错改进】因此，构思时，一定要拿出一张纸和一支笔，把思考全部记录下来，灵感是转瞬即逝的，随时记录的好习惯要在一开始就养成。

【再次强调】再强调一遍哦，千万不要觉得麻烦而省去这个小步骤，细节拉开差距。关注我，轻松学习更多接地气的写作小技巧。

★填空式模板

被99%人忽略的重点，这才是_____的秘诀。

很多人_____，但_____，往往就是不注重_____，这就会导致_____。

因此_____时，一定要_____ ，在一开始就养成___。

再强调一遍：千万不要觉得_____ ，小细节，拉开大差距。关注我，学习更多技巧。

★模板解析

1. 一旦你指出这是"99%人会忽略的重点"，就会立刻抓住读者的注意力，因为大家都怕自己忽略。我之前在分享写作技巧的时候，很多人有一搭没一搭地听着，但凡着重强调这是"大部分人的误区"，大家就会立刻打起十二分精神。这就是重点提醒带来的效果。

2. 紧接着用简单明了的语言解释问题的根源，帮助读者快速理解。

3. 再给出具体的改进建议，提供实际可用的技巧，强化实用价值。

4. 通过重复和强调关键信息，利用"重复曝光效应"，增强信息的留存率。

5. 最后通过"关注我，收看更多接地气的写作小技巧"引导读者采取进一步的行动。

★AI快速创作

◎ 提示词

01. 请你用"99%人会忽略的重点"的句式开头，强调××的重要性

02. 请你解释为什么人们会忽略这个重点？背后的原因是什么

03. 请你给出具体的改进建议，提供了实际可用的技巧

04. 再次重复和强调关键信息，引起用户注意

05. 呼吁读者立即尝试××方法，并关注××平台

模板080：竟然还有人+危害揭示+观念更新+立即改正

★写作公式

竟然还有人+危害揭示+观念更新+立即改正

★举例说明

【竟然还有人】天呐！竟然还有人以为健身只是去健身房举重那么简单。

【危害揭示】这种狭隘的理解忽略了多样化的锻炼方式和全面的健康提升。单一的锻炼模式不仅容易让人感到枯燥乏味，还可能导致身体某些部位过度负荷，增加受伤风险。

【观念更新】真正的健身应该是综合性的，包括有氧运动、力量训练、柔韧性练习和平衡训练。我们的全方位健身课程为你提供科学合理的锻炼方案，帮助你在享受运动乐趣的同时，全面提升身体素质。

【立即改正】别再让错误的健身观念伤害你！加入我们的健身课程，体验全面健康的生活方式！

★填空式模板

天呐！竟然还有人以为_____。

这种狭隘的理解忽略了___。单一的___，不仅容易让人感到___，还可能导致___，增加___风险。

真正的___，应该是_____，帮助你在享受___的同时，全面提升___。

别再让错误的___观念伤害你！加入我们的___，体验_____的生活方式！

★模板解析

1. 使用"竟然还有人"这样的措辞，触及人们的社会认同心理。大多数人会避免自己被视为"落伍"或"无知"的一部分，这种表述能够激发他们的自我防卫机制，驱使他们了解更多信息。

2. 危害揭示部分运用了恐惧诉求心理，通过描绘不采取正确行动可能导致的负面后果，来刺激读者的警觉性和紧迫感，促使人们采取预防措施。写危害时，可以多用"不仅……，还可能……"的句子来描写。

3. 最后，更新用户观念，重新定义和植入新观念给读者，让他们意识到问题，促进改变，实现成交。

★AI快速创作

◎ 提示词

01. 请你用"竟然还有人以为……"的句式开头，揭露××错误观念

02. 请你用"不仅……，还可能……"的句子来描写这种错误观念带来的危害

03. 请你写出正确的认知，为读者植入正确的观念

04. 呼吁读者立即改变，避免被伤害

在忙碌的生活中，我们往往容易忽视那些看似微不足道的生活细节。这些细节虽小，却可能导致我们的地位、形象、健康等方面受损。因此，用提醒的形式来构建写作公式，提醒读者审视自己，别让那些容易被忽略的小节成为你的软肋。

谁不想给人中留下完美的印象？谁不想既有面子又有里子？通过这种犀利的表达方式，直接点出读者可能存在的问题，并利用人们对良好形象和社会地位的渴望来激发他们的代入感，从而促使他们更加关注并达成成交。

第9节 限定稀有式文案成交

人类对损失的恐惧，要远远大于对获得的渴望。

在写文案时，强调限定性和稀缺性，这些元素能瞬间激发消费者的购买欲望。

限量版、限时优惠、独家资源、一年仅一次等，这些词像有魔力般吸引人。即便大家已经看腻了，依然逃不开被这些词吸引注意力。

因为它们代表着机会难得，错过就不再来。当消费者意识到这一点时，他们更有可能迅速行动，把握住这难得的机会。

模板081：内幕消息+悄悄分享+关注我们

★写作公式

内幕消息+ 悄悄分享+关注我们

★举例说明

【内幕消息】老板给你加薪多少，原来有这3个不为人知的因素。

【悄悄分享】你是否好奇为什么有些同事总能获得意外的加薪？揭秘职场加薪的三大秘籍，让你不再错过任何一个提升的机会。

1. 不看苦劳看功劳：……

2. 你的可替代程度：……

3. 看你背后的圈层：……

【关注我们】想要获取更多内幕消息和职场秘籍吗？只需关注我们的平台，每天都有新鲜的资讯和实用的技巧等你来发现。让我们一起在职场上取得更大的成功。

★填空式模板

_____行业，原来有这_____个不为人知的秘密。

在这个充满机遇与挑战的世界里，每一个决策都可能改变你的未来。

今天，我们要独家揭秘一些关于_____（主题）的内幕消息。

你是否好奇为什么_____？

主要因素包括：

1. 因素一：详细说明

2. 因素二：详细说明

3. 因素三：详细说明

关注我们的平台，每天都有新鲜资讯和实用技巧等你来发现。

★模板解析

1. 越是内幕消息，越显得稀有。人们都喜欢打听这类信息，因为这些消息只有部分人士掌握，所以显得更难得、更有吸引力。

2. 抓住读者注意力后，再展开写有价值的信息。此时，人们的注意力已经不再纠结是否为内幕消息了，关注点会放在内容上。因此，在撰写干货时一定要用心，不要辜负用户的期待。

3. 写干货时，通常为三个或四个，以便读者记忆。

4. 鼓励读者采取具体行动（关注平台），潜移默化地去影响，提高用户转化率。

★AI快速创作

◎ 提示词

01. 请你以"内幕消息"的形式开头

02. 请你写出具体的内幕消息或见解

03. 列出与主题相关的3个秘籍或影响因素

04. 每个秘籍或因素提供具体的解释或好处

05. 呼吁读者采取的具体行动，比如关注社交媒体、订阅服务、参与讨论等

模板082：限量发售+稀缺价值+售罄再无

★写作公式

限量发售+稀缺价值+售罄再无

★举例说明

【限量发售】一年仅一次的独家优惠，错过再无！

【稀缺价值】这种独家资源发售包含了市场上最热门的产品，只有我们能提

供，且仅限本次活动中赠送。

【售罄再无】由于数量有限，一旦售罄，你将无法再享受到这样的优惠。现在是最后的抢购时机!

立即访问我们的网站或前往指定店铺，填写申请表即可参与抢购。

★填空式模板

_____仅一次的独家优惠，错过再无!

我们推出的限量版_____，数量有限，先到先得!

本次活动赠送独家资源，包含了市场上最受欢迎的_____，只有我们能提供!

由于数量有限，一旦_____售罄，您将无法再享受到这样的优惠。现在是最后的抢购时机!

立即访问_____网站或前往_____店铺，填写申请表即可参与抢购。

★模板解析

1. 人们往往对稀缺的资源更加渴望。强调产品的限量和独家性，激发消费者的购买欲望。

2. 迫使消费者意识到时间有限，如果不立即行动就会错失良机，促使消费者迅速做出购买决定。

3. 限量版产品往往被视为一种身份象征和社会地位的标志。通过高调宣传提升品牌的独特性和高端形象。

4. 通过突出产品的独家价值和稀缺性，提高消费者对产品的价值感知，使他们觉得支付的价格更加合理。

5. 简化决策过程，提供明确的行动指南，简化消费者的决策过程，降低购买门槛，提高转化率。

★AI快速创作

◎ 提示词

01. 请你描述××产品一年仅一次的独家优惠活动开始了

02. 强调数量有限，使用"限量版""限时优惠"等词汇引起注意，营造强烈的紧迫感

03. 描述产品的稀缺价值，突出产品的独特性

04. 说明为什么这个机会难得，强调错过将不再有

05. 提供明确行动指南，指导消费者如何抓住这个机会

模板083：限时开放+价值百万+得到赚到

★写作公式

限时开放+价值百万+得到赚到

★举例说明

【限时开放】24小时删除，限时公开这3条帮我赚到100万的销售秘诀。

【价值百万】这是我私藏的独家秘诀，学会了价值百万。

1. 千万不要学烂大街的逼单策略，你要学会用好奇心让客户自动来找你。例如：……

2. 千万不要学人家群发消息，这样只会讨人嫌，你要学会用二八原则发信息。例如：……

3. 千万不要在老套的一对一线下见客户了，线上可以实现批量成交。例如：……

【得到赚到】你刷到这篇文章/视频，就是赚到。别忘记关注我，下次有重磅福利，可以第一时间知道哦！

★填空式模板

24小时删除，限时公开这____条____秘诀。

这是我私藏的独家秘诀，学会了价值百万。

1. _____

2. _____

3. _____

你刷到这篇文章/视频，就是赚到。

别忘记关注我，下次有重磅福利，可以第一时间知道哦！

★模板解析

1. 我以前写干货类文章的时候，很多人不看。因为知识大爆炸的时代，人们不缺知识。但是，后来我加上了"24小时删除"，阅读量10倍飙升。这种马上要

失去的感觉，会让用户第一时间想要点开。

2. 现在很多文案都会用这种形式，例如："本条内容话题敏感/震碎三观，可能会被平台限流或者和谐，可能一会儿你就看不到了，大家且看且珍惜"。这样开头就会抓住用户注意力，引导用户赶紧看完。

3. 同时，也会吸引精准用户关注你，因为他们担心错过下次的24小时限时公开福利，或者错过内部消息。

4. 注意：给方法论的时候一定要真诚，要让用户切切实实有收获。另外，如果承诺了24小时后删除，就一定要删除。用户一旦觉得你不真诚，可能再也不相信你。

★AI快速创作

◎ 提示词

01. 请你在开头点出：24小时删除这次分享

02. 强调这是你私藏的独家秘诀，学会了价值百万

03. 写出3条××领域有新知的内容，让用户有收获感

04. 请你提醒用户别忘记关注××，下次有重磅福利的消息，可以第一时间获取

模板084：数量少+价值高+过程难+先预订

★写作公式

数量少+价值高+过程难+先预订

★举例说明

【数量少】真正的土蜂蜜，珍贵稀有，每一滴都难得！

【价值高】从蜜蜂采蜜到蜂蜜成熟，要历经数月的自然酝酿，每一瓶都是时间的馈赠。

【过程难】蜂农们用心照料每一个蜂箱，每一滴土蜂蜜都经过严格的筛选与检测，才能确保每一瓶蜂蜜都达到极致的纯正。

【先预订】限量版土蜂蜜，仅从十处天然蜂巢采集，今年仅限100瓶。立即预订，锁定这份天然美味！

★填空式模板

真正的_____，珍贵稀有！

从_____到_____，要历经数月的_____。

每一个_____都经过严格的_____，才能确保_____都达到极致的_____。

限量版_____，今年仅限_____。立即预订，锁定这份_____！

★模板解析

1.强调产品的稀缺性和限量版特性，解释造成稀缺的原因是"周期长+价值高+过程难"，这种描述增加了产品的天然性和高质量感，那么贵一点也会觉得很合理。

2.描述"用心照料每一个蜂箱""严格地筛选与检测"等细节，展示了产品的制作过程和质量控制，增强了消费者的信任感。

3.因为稀缺，所以要提前预订，做好提前预售行为，增加成交率。

★AI快速创作

◎ 提示词

01.请你描写××产品制作过程难或周期长，例如："精心采摘""自然发酵""手工制作"等

02.强调品质控制严格且困难，例如："严格筛选""多重检测""用心照料"等

03.强调稀缺性或限量信息：例如："限量版""仅限××份""每年仅产××"等

04.告知用户提前预订，才能得到产品，引导用户现在立刻去预订

模板085：从不外传+偷学技能+正宗做法+分享给你

★写作公式

从不外传+偷学技能+正宗做法+分享给你

★举例说明

【从不外传】茶餐厅老板从不外传的美食秘诀。

【偷学技能】这是我无意间才从厨房偷听到的。

【正宗做法】正宗港式蛋挞的做法。

【分享给你】今天，分享给大家，让你在家就能做出美味的正宗蛋挞。

★填空式模板

_____从不外传的独家秘诀。

这是我们费尽周折才_____到的秘密。

_____的绝密制作流程。

今天，我将这份珍贵_____分享给你，让你轻松实现_____的梦想！

★模板解析

1. 越大声宣传的消息越没人听，越强调"偷听"来的小道消息，越多人想要打听。这就是秘密的吸引力。

2. 用说悄悄话的方式写文案，一秒抓住用户吸引力。

3. 凡是内幕消息，人们都喜欢打听，因为这些消息只有部分人士掌握，所以显得更难得。

4. 表明信息是"从不外传"的，营造了一种独家和神秘的氛围，强化了其稀缺性和独特性，使得信息更具吸引力。

5. "偷学技能"暗示了信息的获取过程不易，从而激发了人们的好奇心，想要了解更多细节。

★AI快速创作

◎ 提示词

01. 请你写出××行业从不外传的秘诀

02. 请你写出这是你费尽周折才学到的技能/方法

03. 请你描述一下这个行业内公认的最佳实践方法

04. 请你分享一个改变你××观念的关键时刻

05. 请你提出一个××行业成长的个性化建议

模板086：隐形因素+影响生活+不会透露+分享给你

★写作公式

隐形因素+影响生活+不会透露+分享给你

★举例说明

【隐形因素】3大隐形因素。

【影响生活】会直接影响你的绩效。

【不会透露】行内人绝不会轻易透露的秘密（因素1、因素2、因素3）。

【分享给你】点击这里，获取资料，让你的绩效飞跃！

★填空式模板

_____大隐形因素……

会直接影响你的_____（具体受影响的方面）。

行内人绝不会轻易透露的_____（具体秘密或技巧）。

点击这里，获取资料，让你的_____（具体期望的改变或提升）。

★模板解析

1.多用"隐形"这样的描述，让读者感受到这些是看不见、容易被忽略的问题。

2.点出这些隐形因素会带来的影响，引起用户重视。

3.紧接着指出这是行内人不会随便透露的，制造稀缺性。

4.最后明确列出了三个具体的隐形因素，为读者提供了实实在在的价值信息。

★AI快速创作

◎ 提示词

01. 请你写出关于××产品或服务的哪些方面是不为公众所熟知，或者是行业内人士才知道的秘密

02. 请你描述这些隐形因素，如何影响目标受众的生活质量或日常体验

03. 列出3个具体因素并说明如何避免

04. 呼吁读者持续关注，了解更多

模板087：首发优惠+阶梯优惠+限时截止+锁定折扣

★写作公式

首发优惠+阶梯优惠+限时截止+锁定折扣

★举例说明

【首发优惠】××产品新品上市，首发优惠福利来了！

【阶梯优惠】

第一个付费的立减100元!

第二个付费的立减80元!

第三个付费的立减60元!

优惠依次递减，直到恢复原价。

【限时截止】优惠只到今晚24点，超过时间，所有优惠取消!

【锁定折扣】立即下单，锁定限时折扣，错过不再有!

★填空式模板

_____大隐形因素

_____新品上市，首发优惠福利来了!

第一个付费的立减_____元!

第二个付费的立减_____元!

第三个付费的立减_____元!

优惠依次递减，直到恢复原价。

优惠只到_____，超过时间，所有优惠取消!

立即下单，锁定限时折扣，错过不再有!

★模板解析

1. 新品首发往往伴随着大众的关注和期待，利用这种社会关注度来推动销售。

2. 限时截止和阶梯优惠营造出一种优惠资源有限的印象，促使消费者迅速作出决定，避免犹豫导致的流失。

3. 通过这样的形式可以刺激消费，一旦前面有人购买，就会引导更多的人加入。

★AI快速创作

◎ 提示词

01. 描述××产品首发优惠。例如新品上市，立享独家优惠

02. 请你写出阶梯优惠详情，第一个付费立减××元，第二个付费立减××元，第三个付费立减××元

03.限时截止时间：今晚24点前

04.号召用户锁定折扣

模板088：一年一次+实属不易+前所未有

★写作公式

一年一次+实属不易+前所未有

★举例说明

【一年一次】一年一度的双十一购物节，只在这一刻等你！

【实属不易】我们团队日夜兼程，精心筹备了数月，只为给你带来最特别的惊喜。

【前所未有】今天的优惠力度前所未有，限时折扣、限量特供，只为回馈广大消费者的支持。错过今天，再等一年！立即行动，锁定你的专属优惠，享受这一年的购物狂欢！

★填空式模板

_____，一年一度，仅此一次！

我们团队筹备_____，为你精心挑选了_____。

今天的优惠力度前所未有，限时折扣、限量特供。错过今天，再等一年！

★模板解析

1.通过"一年一次"的表述，强调了活动的稀缺性，使消费者感受到这是一个难得的机会。在文案营销中，可以经常带入这样的字眼，例如：一年一度的夏季大促、一年一度冬季特卖会、10周年庆盛典等。

2.利用精心筹备，展示了品牌对活动的重视和对消费者的尊重。

3.提供大幅度的优惠和限量特供，让消费者感觉到品牌在回馈他们，从而激发了购买的欲望。

★AI快速创作

◎ 提示词

01.明确指出要推广的××活动是一年一次，例如"夏季大促""周年庆盛典"等

02.描述该事件或活动的独特之处，为什么它是一年一度的

03.写出团队为此次活动所作准备的描述，强调其精心和努力

04.描述为什么消费者应该立即行动，错过将会有什么损失

模板089：永不可逆+具体内容+将来后悔+抓住当下

★写作公式

永不可逆+具体内容+将来后悔+抓住当下

★举例说明

【永不可逆】有些东西失去了，便永不再来。

【具体内容】尤其是你当下的好状态，你失去的青春，这些才是你最宝贵的财富。

【将来后悔】这些宝贵的财富不留住，将来后悔都来不及。

【抓住当下】来××肖像馆，拍一套照片，留住你的当下。我们的摄影师团队经验丰富，善于捕捉每一个细节，杜绝摆拍，留住真实的你。

数量有限，立即预约，确保你的美好瞬间被永久珍藏！

★填空式模板

有些东西失去了，便永不再来。

尤其是_____，你失去的_____，这些才是你最宝贵的财富。

这些宝贵的财富不留住，将来后悔都来不及。

来_____，我们的团队_____，善于_____，杜绝_____。

数量有限，立即预约，确保你的_____！

★模板解析

1.人生最稀缺的东西，就是失去后不再有的，例如，某个当下、青春岁月、健康、某种体验等等。如果产品和不可逆相挂钩，写文案的时候一定要凸显出来，最容易打动人。

2.结合产品，去挖掘人生不可逆的内容，就会有更多灵感，例如："25~35岁，你肌肤的黄金时期，这时候不护肤，将来后悔都来不及"。

3.紧接着文案强调"不抓住，就后悔"，进一步强化用户心智。通过引发消费者对未来可能失去某些宝贵东西的恐惧感，激励他们立即采取行动。

4.最后进行产品介绍，点出数量有限，促进转化。

★AI快速创作

◎ 提示词

01.请你描述××产品可以解决哪些岁月不可逆带来问题，例如：青春、健康、某个特别时刻等

02.强调不抓住机会，将会可能会后悔，告诉用户这些遗憾是未来弥补不了的

03.描写产品的独特卖点。例如：专业团队、定制服务、独特体验等

模板090：机会成本+产品好处+错过就要多花钱+立即体验

★写作公式

机会成本+产品好处+错过就要多花钱+立即体验

★举例说明

【机会成本】限时1天，3小时后涨价，最后机会，50份售完即止。

【产品好处】这款按摩椅坐上去，全身舒适放松，疲惫一扫而光。精准的按摩力度能舒缓每一寸紧绷的肌肉，仿真人手按摩手法，带来如同专业按摩师般的享受，独特的加热功能让温暖渗透至深层肌肤，有效缓解腰背酸痛，改善睡眠质量……

【错过就要多花钱】错过今天，要多花300元。

【立即体验】赶快行动，别等到涨价再后悔!

★填空式模板

限时_____小时，_____后涨价，最后机会，_____份售完即止。

这款_____，使用时_____，能有效_____，带来_____，改善_____。

错过今天，要多花_____元。

赶快行动，别等到涨价再后悔!

★模板解析

1. 很多时候，顾客可能"想买"，但他未必想"现在买"。"今天截止"暗示着明天买就要多花钱，这让读者紧张起来，情不自禁地更想点击阅读。

2. 国外有一个词叫FOMO（Fear of Missing Out），直译为"害怕错过"。特指那种总在担心失去或错过的焦虑心情，也称"局外人困境"。可以理解为一种病态心理，但也是大部分都会有的一种正常诉求。也正如此，我们身边到处可见利用FOMO的营销手段，例如秒杀倒计时、仅剩2件、限量版等等。这种形式看起来简单粗暴，但效果却出奇地好。

3. 最后，再强调一遍，错过某个优惠，可能要花更大的代价，就会让用户更快下决定。

★AI快速创作

◎ 提示词

01. 描述××产品销售的时间和数量限制，例如：限时X小时，Y分钟后涨价

02. 描述产品好处和具体功能或效果，例如：精准的按摩力度、智能灯光系统、先进的降噪技术等

03. 强调错过今天优惠力度，需要支付额外费用××元

古语有云："物以稀为贵"。简单来说，就是越稀缺的东西，人们的购买意愿越强烈。

虽然强调"稀有性"的营销模式看似简单且常见，以至于许多人可能不屑。但实际上，有效的营销手段并不一定是越复杂越好。正因为这种手法行之有效，所以它才被广泛使用。我销售的产品在每次涨价前，总会有大量顾客迅速下单购买。几千年来，各种营销策略都围绕着人性的弱点展开，其底层逻辑始终如一。

以上10个模板都是基于稀有性来构建的，当你在撰写文案时，可以充分利用这些元素，以提高成交率。

第10节　从众效应式文案成交

人们用来判断自己在某个环境下该相信什么、该怎么做的一条重要途径，就是看其他人在这个环境下相信什么、怎么做。人们天生倾向于跟随大众，相信多数人的选择。在文案中巧妙地运用从众心理，如展示销量数据、好评如潮等，能极大地增强消费者的信任感和购买意愿。

想象一下，当你在网上浏览并准备购买某款产品时，发现有两家店铺都在销售这款商品。其中一家店铺的销售量很高，且好评不断；而另一家店铺的销售量相对较低，评论也仅有寥寥几条。在这种情况下，你会选择哪家店铺呢？

大部分人在搜索产品时，会习惯性地按照销量从高到低的顺序进行筛选，并且往往只关注排名靠前的商家。

因此，我们在写文案的时候，要时刻把人们这种强大的"从众"天性考虑在内。

正如罗伯特·西奥迪尼在《影响力》中写道："人们在判断事物对错时，更相信具有影响力、权威性或者多数人的意见和选择。"

模板091：好评如潮+大众选择+帮你筛选+跟随行动

★写作公式

好评如潮+大众选择+帮你筛选+跟随行动

★举例说明

【好评如潮】超越99%女生的挚爱之选！口碑炸裂！好评如潮！

【大众选择】百万人争相追捧的面膜神器，一上架即被秒空，热度爆表！

【帮你筛选】轻松应对换季干燥，告别脸部爆皮困扰，让你的妆容持久贴服，光彩照人！

【跟随行动】赶快入手，解锁肌肤水润新密码！

★填空式模板

超过_____%用户的挚爱之选！口碑炸裂！好评如潮！

万人争相追捧的_____神器，一上架即被秒空！

轻松应对，告别_____困扰，让你的_____！

赶快入手，解锁_____新密码！

★模板解析

1. "超越99%"这样的句式，利用大量用户的正面评价来建立信任，表明产品已经得到了广泛认可，符合心理学中的"从众效应"。

2. 通过描述产品的火爆销售情况，让大家更愿意相信，促使消费者迅速做出购买决定。

3. 清晰地指出产品的核心优势和能解决的具体问题，满足消费者的实际需求。

4. 直接且简洁的行动号召，减少消费者的思考时间，降低决策成本。

★AI快速创作

◎ 提示词

01. 请你在开头写出××产品的用户反馈/评价，采用"用户好评率99%""众多明星推荐"等这样的句式

02. 描写××产品的销量/流行度达到××程度，采用"月销十万件""全网热销第一名"等这种描写手法

03. 请你简洁清晰地描述××产品解决的核心问题

模板092：排名第一+值得推荐+热卖优惠

★写作公式

排名第一+值得推荐+热卖优惠

★举例说明

【排名第一】我的新书《新媒体文案写作从小白到高手》，飙升当当网语言文字类书籍排名第一。

【值得推荐】这本书通过深入浅出的讲解和丰富的实战案例，帮助上千人实现写作变现。它不仅能帮助你掌握新媒体写作的核心技巧，还能激发你的创作灵感，让你的文章更具吸引力和影响力。

【热卖优惠】新书热卖中，限时五折优惠！快来抢购吧！

★填空式模板

_____，飙升_____第一。

它不仅能帮助你掌握_____，还能_____。

_____热卖中，限时_____折优惠！快来抢购吧！

★模板解析

1. 排名第一，强调其市场认可度和受欢迎程度。会给人一种最多人相信，最多人用，最多人喜爱的感受。这种从众心理会让更多人愿意跟风去购买。这种写法背后的逻辑有点像我们挑餐厅，通常会挑一家人气最旺的。人们潜意识中会认为："别人都这样挑，一定错不了！"

2. 写文案的时候，告诉用户事物得到的认可和排名靠前，会加强认可度。

3. 但是一般会遇到一个问题，第一名很难，每个领域就一个。林桂枝曾说："得不到国际大奖、国内冠军，可以得小区第一、家中之冠，又或者是最受儿子、女儿、男友、公公、婆婆欢迎的奖赏。小范围第一，人们往往会忽略范围，只在乎第一。"

4. 使用"限时五折优惠"制造购买的紧迫感，促使犹豫不决的消费者作出决定。

★AI快速创作

◎ 提示词

01. 请你写出××产品是××类目销量冠军

02. 请你写出××产品的卖点或优势，例如："环保材质、防滑设计、便携轻巧"

03. 请你写出用户使用的受益或结果，例如："提升舒适度、保护关节健康、增加运动表现"

04. 请你写出××产品正在热卖中，促销活动为："限时五折优惠"

模板093：产品名+销量高+做类比

★写作公式

产品名+销量高+做类比

★举例说明

【产品名】香飘飘奶茶

【销量高】"一年卖出十亿杯。"

【做类比】"杯子连起来能环绕地球三圈。"

★填空式模板

_____产品

一年卖出/月销量突破_____。

相当于/足够覆盖_____。

★模板解析

1. 相信大家都不陌生，这个是香飘飘奶茶的营销文案。使用具体的数量和形象的类比，使得信息更加生动且容易记住。且便于口口相传。

2. 大量的销售数据提供了一种社会证明，表明该产品受到了广泛欢迎。从而增加了购买意愿。

3. 如果只说"十亿杯"，用户脑海中没有特别清晰的概念，"环绕地球三圈"通过将抽象的销售数字与具体的地理概念进行对比，使得销量显得更加惊人。这种对比增强了信息的冲击力，使消费者更容易记住。

4. 大量的销售数据本身就是一种口碑传播的形式。好的口碑能够自我强化，因为满意的顾客更愿意向他人推荐产品，形成良性循环。

★AI快速创作

◎ 提示词

01. 请你描述××产品销量很高，例如："月销量突破10万台""连续5年销量冠军""获得20项国际大奖"

02. 请你对销量做出形象类比，例如："堆叠起来相当于××层楼高""连起来可绕地球×圈""足够覆盖整个××地区"

03. 请你写出产品卖点，例如："全天然无污染""营养丰富""品种多样"

以有机蔬菜为例，看一下AI的创作效果，见图55。

【销量领先】：有机蔬菜礼盒，年销量突破5万箱！
【值得信赖】：每一箱蔬菜都来自纯净的有机农场，全天然无污染，营养丰富，品种多样。我们的销量已经足够供应一个中型城市的日常需求，品质有保障。
【健康选择】：选择我们的有机蔬菜礼盒，就是选择享受纯净的自然馈赠，倡导健康的生活方式。让每一口都充满大自然的味道，让健康伴随每一天。

立即行动：快来体验这份来自大自然的馈赠，让健康生活从此开始！

图55

将销量具象化到"中型城市的日常需求"，比"很多、大量"等用词好太多了，你还可以沿着这个思路继续提问"中型城市"日常需求大概是多少，一步步引导AI创作，让文案更具体、更有感染力。

模板094：百年经典+品质保证+独特优势+立即体验

★写作公式

百年经典+品质保证+独特优势+立即体验

★举例说明

【百年经典】源自18世纪的传统制茶工艺，历经百年依然璀璨夺目，每一片茶叶都承载着匠人的匠心独运与历史的厚重沉淀。

【品质保证】我们始终秉持对卓越品质的不懈追求，精选优质茶叶，历经多道严苛工序，只为确保每一次饮用都能带给您极致的味觉享受。

【独特优势】区别于寻常茶叶，我们的手工茶蕴含着世代相传的秘制配方，口感层次分明，香气四溢，每一次饮用都是一场味蕾的盛宴。

【立即体验】点击下方链接，马上开启这场百年经典的茶香之旅！

★填空式模板

源自____年的传统工艺，历经____，每一件产品都承载着____。

我们始终秉持对卓越品质的不懈追求，精选____，历经多道____工序，只为确保____。

区别于寻常____，我们的手工____蕴含着____秘制配方。

点击下方链接，马上开启____。

★模板解析

　　1.百年历史的传承和品质保证提供了一种社会证明，表明该产品经过了时间的考验和市场的认可。消费者倾向于相信有着良好历史记录的品牌和产品。这种历史传承感能够吸引那些注重品质和有情感需求的消费者。

　　2.百年传承和严格的质量控制暗示了产品在市场上的权威地位。这种权威性也会激发从众心理，使得消费者更倾向于信任并选择该产品。

　　3.强调独特优势会激发消费者的稀缺感。这种稀缺性使得消费者担心错过机会，从而加快购买决策。

★AI快速创作

　　◎ 提示词

　　01.请你强调××产品历史背景或传承性。例如："自18世纪起""家族四代传承""历史悠久的工艺"

　　02.请你写出产品有品质保证，例如："精选上等材料""经过严格质检""手工精心制作"

　　03.请你写出产品独特卖点或设计，例如："独家设计""传统工艺结合现代审美""独特风味"

　　04.请你号召用户立刻行动，例如："立即体验""现在下单""快来拥有"

模板095：榜样力量+助你成长+成功经验+学习借鉴

★写作公式

　　榜样力量+助你成长+成功经验+学习借鉴

★举例说明

　　【榜样力量】AAA学习通，汇聚了众多学霸的学习心得，让你近距离贴身学习学霸的高分技巧。

　　【助你成长】APP中还为你量身定制学习计划，助你在学习路上不断前行。

　　【成功经验】揭秘学霸们的成功经验，让你的学习更高效。

　　【学习借鉴】轻松借鉴有效方法，快速提升学习成绩。

　　立即下载AAA学习通，开启高效学习之旅！

★填空式模板

_____产品，汇聚了众多_____（行业/领域）的_____（榜样/专家）的经验/心得，让你近距离贴身学习。

_____服务/计划，助你_____。

揭秘_____们的_____（成功秘诀/专业技巧），让你的_____更高效/出色。

轻松借鉴有效的方法/实用的技巧，快速提升_____。

★模板解析

1. 当个体面临群体压力时，引导个体在认知上或行动上，以多数人或权威人物的行为为准则，进而与之趋向一致。

2. 通过榜样的力量写文案，就是在以权威人物的成功经验为引导来展开，利用社会认同来增强产品的吸引力。人们倾向于模仿那些被证明是成功的做法。

3. 通过展示大量成功学生的经验，文案暗示了使用该产品可以获得与这些成功学生相似的成果，从而吸引更多人加入。促使他们更愿意尝试该产品。

4. 通过提及"量身定制的学习计划"和"快速提升学习成绩"，满足了消费者对于个性化提升和即时成效的需求。

★AI快速创作

◎ 提示词

01. 请你描述××产品中包含的榜样或成功案例，例如："汇聚了众多健身达人的训练心得"

02. 强调产品如何帮助用户实现个人成长或进步，例如："量身定制的健身计划，助你更美更健康"

03. 揭示产品中包含的成功秘诀或专业技巧，例如："揭秘写作高手的成功秘诀，让你高效写出爆款文案"

04. 说明用户如何能够从产品中学到并应用有效的方法，例如："轻松借鉴有效训练方法，快速提升水平"

05. 提供一个明确的行动号召，鼓励用户采取下一步行动。例如："立即下载""立即购买"等

模板096：权威数据+解释说明+我的承诺+加入我们

★写作公式

权威数据+解释说明+我的承诺+加入我们

★举例说明

【权威数据】根据××的一项研究表明，每天饮用一杯全天然有机果汁可以显著提高免疫力。

【解释说明】膳食纤维是一种对人体所需至关重要的营养素之一，现有研究表明它不仅能促进肠道蠕动预防便秘，在合理摄入情况下还能有效调节胆固醇水平，预防并减少慢性疾病的发生。有机食品在种植过程中遵循严格标准，且不添加人工合成防腐剂、色素及调味剂，是追求健康生活的理想选择。

【我的承诺】我们承诺，果汁原料来自认证的有机农场，采用非浓缩工艺，通过HACCP食品安全认证，为消费者提供安心的饮品选择。

【加入我们】立即体验全天然有机果汁带来的健康益处，与我们一起迈向更健康的生活！

★填空式模板

根据_____的一项研究表明，使用_____，可以有效_____。

_____是至关重要的成分，它不仅能_____，还能_____。

我们承诺，_____都经过严格的质量检测，源自_____。

立即体验专业_____带来的_____效果。

★模板解析

1. 通过引用权威研究数据，使消费者更容易接受并信任产品的好处。

2. 详细解释了产品能为消费者带来的益处，帮助消费者理解产品价值。

3. 明确的承诺更透明化，建立了消费者对品牌的信任，消除了消费者的顾虑。

★AI快速创作

◎ 提示词

01. 请你搜索关于××的权威研究或报告

02. 请你解析说明其中的原因

03. 强调××产品能解决××问题

04. 对××产品质量和安全性做出承诺

05. 提供一个明确的行动号召，鼓励消费者立即体验

模板097：加上数量+加上头衔+真心推荐+优惠说明

★写作公式

加上数量+加上头衔+真心推荐+优惠说明

★举例说明

【加上数量】酒类专卖店已经营20年。

【加上头衔】资深高级店长。

【真心推荐】真心推荐这款××酒。

【优惠说明】目前还有新品上市8折优惠活动，错过再等一年！

★填空式模板

经营_____（填写行业）专卖店_____（填写年数）的_____（填写头衔）。

真心推荐这款_____产品。

目前还有_____优惠，错过再等一年！

★模板解析

1. 人类总是无法抗拒权威、名人或头衔，这在心理学上被称为"晕轮效应"。利用经营时间和专业头衔，树立权威形象，使消费者更容易接受推荐。

2. 你仔细想想就会发现，其实20年来一心一意经营酒类专卖店，也并不代表就拥有辨别好酒的高超能力。不过，大多数人对于数字很敏感，只要看到具有说服力的年份、经验等，就会在无意识中被吸引。

3. 写文案的时候，带入年限、数量、头衔这些字眼，就会自带权威感。除了经营时间和专业头衔外，还可以通过其他方式构建权威形象，如展示获得的奖项、证书、专利等。利用第三方评价和推荐也是一种有效的方法。例如，行业内的专家评价、权威机构的认证等，都可以增强品牌的说服力。

★AI快速创作

◎ 提示词

> 01. 请你在开头写出某人做这个行业很久或者见过很多案例，例如"经营酒类专卖店20年""看过1000本书"
>
> 02. 提供一个具有权威性和专业性的头衔，例如"高级店长""资深阅读推广人"等
>
> 03. 明确推荐的产品名称及其独特卖点，例如"这款××酒，以其独特的风味和高品质赢得了众多顾客的喜爱"
>
> 04. 描述当前的优惠活动极具紧迫性，例如"限时新品上市8折优惠活动，错过不再有"

模板098：圈子效应+效应解读+我的价值+欢迎加入

★写作公式

圈子效应+效应解读+我的价值+欢迎加入

★举例说明

【圈子效应】有一个效应叫：腌萝卜效应。

当你把萝卜扔进20年老汤的咸菜缸里，不需要萝卜努力，萝卜都会变成腌萝卜。

同样的，把人参放进腌萝卜的缸里，几个月后，人参全是萝卜味。

【效应解读】回到实际生活中，我们所处的环境，其实就是"那锅老汤"。

日积月累地浸染下，身边人的情绪、思考方式，都会互相传染，逐渐潜移默化。

【我的价值】所以给自己找一个好的圈子非常重要。例如，我常年泡在一群写作高手的圈子里，耳濡目染也学到了很多，通过写作赚到了人生的第一个100万。

【欢迎加入】欢迎加入××写作俱乐部，开启写作变现。

★填空式模板

_____效应。

回到实际生活中，我们所处的环境，其实就是_____。

所以给自己找一个好的圈子非常重要。例如，我常年泡在_____高手的圈子里，耳濡目染也学到了很多，通过_____实现了_____。

欢迎加入_____，开启_____。

★模板解析

1.前面先写一个圈子效应的概念，给用户植入圈子很重要的意识。

2.紧接着回到现实生活中，让它和实际相结合，让用户读完更有共鸣。

3.人类在社会生活中常常会不自觉地受到群体的影响。描述群体内积极的变化趋势能够吸引外部人员加入，形成更大的群体力量。

4.结尾直接呼吁读者加入俱乐部，实现从认知到行动的有效转化。

5.文案前面"腌萝卜效应"的概念，可以直接复用，后半部分的内容，结合实际生活来修改即可。

★AI快速创作

◎ 提示词

01.请你搜集资料，描述一个关于"圈子"相关的社会定律/社会效应/社会实验

02.请你说明上述的社会定律/社会效应/社会实验，对现实生活的影响

03.请你结合××行业，说明圈子的重要性

模板099：明星同款+离他更近+变好变强+立即体验

★写作公式

明星同款+离他更近+变好变强+立即体验

★举例说明

【明星同款】××明星的专属训练计划。

【离他更近】想要拥有像××明星一样的完美身材和气质吗？现在，你可以在家中就能体验到他的专属训练计划！

【变好变强】全面提升你的体能与技能。

【立即体验】点击这里，成为更好的自己！

★填空式模板

＿＿＿＿＿明星的也在用的＿＿＿＿＿。

想要拥有像＿＿＿＿＿明星一样的＿＿＿＿＿（填写期望达到的状态或特质）吗?

现在，你可以在＿＿＿＿＿（填写场景）就能体验到他的＿＿＿＿＿（产品/服务名称）。

全面提升你的＿＿＿＿＿（填写提升的方面或能力）。

＿＿＿＿＿，成为更好的自己!

★模板解析

1.利用明星的影响力吸引粉丝和追求时尚的人群。嫁接明星的权威，增加消费者的信任感。

2.创造一种情感上的接近感，让粉丝感觉自己与偶像之间的距离被拉近。

3.强调产品或服务能够帮助用户提升自我，满足他们对自我改善的需求。

4.明确的行动号召，促使用户迅速采取行动，体验产品或服务。

★AI快速创作

◎ 提示词

01. 强调这是××明星的同款产品

02. 阐述通过使用该产品或服务可以达到何种与明星相似的状态或效果

03. 描述这种改变，对消费者生活具体的正面影响

04. 提供触发行动的明确指示，如：点击链接、扫描二维码等

模板100：为什么都+百搭产品+必备神器+立即体验

★写作公式

为什么都+百搭产品+必备神器+立即体验

★举例说明

【为什么都】为什么大家都选择这款多功能充电宝?

【百搭产品】它小巧便携，设计时尚，能够轻松放入口袋或包包中，完美融入各种生活场景。

【必备神器】无论出差、旅行还是日常通勤，它都是你的贴心伴侣，支持手

机、平板、电脑多设备充电需求。

【立即体验】点击这里，立即拥有，让生活随时满电！

★填空式模板

为什么大家都选择这款＿＿＿＿。

它＿＿＿＿（产品特点与优势），能够轻松应对各种需求，＿＿＿＿（适用场景描述）。

无论何时何地，它都是＿＿＿＿，支持＿＿＿＿需求。

点击这里，让你的生活随时＿＿＿＿。

★模板解析

1. 当提到"为什么都"时，隐含了大家都选择。暗示这款产品已经得到了广泛的认可和验证，从而增强其可信度。这种表述也激发了读者的好奇心，让他们想要了解为什么这款产品如此受欢迎。

2. "百搭产品"明确指出了产品的普适性和时尚性，这两点是消费者在选择一款产品时通常会考虑的重要因素。

3. 暗示这是大多数人在特定情况下（如出差、旅行、日常通勤）的首选。促使潜在消费者觉得选择这款产品可以解决很多生活中多场景的小问题。

★AI快速创作

◎ 提示词

01. 请你用到"为什么都"开头，代替用户提问"为什么都选择××产品"

02. 请你描述这款产品在哪些生活场景中可以使用，至少提供5个场景

03. 请你写出产品特点与优势，例如："大容量，充电快"

销售兼励志顾问卡维特·罗伯特（Cavett Robert）在对销售学员的建议中准确地总结了社会认同原则："95%的人都爱模仿别人，只有5%的人能率先发起行动，所以，要想说服别人，我们提供任何证据的效果都比不上别人的行动。"

别人都这样，所以你也应该这样。用群体行为来促使消费者行动，相当有效！

第三章

AI 赋能各大
热门平台
文案成交

自媒体不同平台有不同特征，每一个平台的关键因素会直接决定阅读量和点击量。

基于不同平台的特征和关键因素，就要有针对性地进行创作。加上AI的赋能，会让你创作更快、更有吸引力。

第1节　AI助你写好自我介绍，十倍提升影响力

在不同场合里的第一次说话都是在推销自己。不管在线上还是线下，想要让别人记住你，一份好的自我介绍非常重要。

一个出色的自我介绍可以帮助你以最有利的方式展示你的经历、成就和能力，从而快速吸引他人的注意力。给别人留下深刻的印象，别人才会想添加你的微信，等到需要的时候，会第一时间想到你。

但是，大多数人在进行自我介绍时只有一句："您好，我是某某，就职于某某公司，很开心认识你。"这样的自我介绍几乎没有提供任何有价值的信息。如果对方不知道你从事哪个行业，也没有共同的兴趣爱好，很难建立有意义的联系。

怎么才算一个合格的自我介绍呢？简单来说就是：如何快速找到你需要的人一起合作共赢，同时让贵人能记住你，把你的产品卖给需要的人。

我的上一本书《新媒体文案写作从小白到高手》中写过，用文案思维来写自我介绍。

昵称+坐标+职业+成就事件+我能提供的帮助

1.昵称

昵称也就是名字，代表你是谁。

尽一切努力让别人记住你的名字。当有人想要与你联系却不记得你的名字时，这将白白浪费了你的一切努力。

名字有千千万万，最好能够为自己的名字创造一个记忆点，让你的名字变得特别且容易记忆。

举个例子，我曾参加了一个上百人的活动，大家介绍完我基本也就忘记了

他们的名字，但是有一个人站起来幽默地说："大家好，我叫王小明，对，就在刚刚来参加活动的途中，我还听到一个妈妈和她孩子提到我，假设小明有10个苹果，吃掉了3个，小明还剩下几个苹果？我不禁打了个喷嚏。没错，我就是大家口中经常用来举例子的那个小明。"

这种幽默的自我介绍，立刻吸引了大家的注意，引起一阵大笑，也让人快速记住了他的名字。

如果名字没有什么特别之处或者不知道如何解释，你可以在开头提及一次你的名字，在结尾再次重复一遍，这种多次重复和强调也是一个很有效的方法。

举个例子：

开场白："大家好，我叫王京，擅长写爆款文案的王京。"

结尾处再次强调："我是王京，擅长写爆款文案的王京。"

通过反复地强化，你的名字就更容易被记住。

★关键点

① 幽默感：通过幽默的方式引起听众的兴趣和注意，使得介绍内容更加生动有趣。

② 关联日常生活：将名字与日常生活中常见的情景或例子相结合，让听众能够在熟悉的情境中记住名字。

③ 创造记忆点：通过一个小故事或者情景模拟，使得名字不仅仅是一个普通的标签，而是带有特定含义或故事的标识。

④ 个性化：展示名字背后的独特性或者与众不同的地方，让听众感受到这个名字的特殊魅力。

⑤ 重复化：通过不断重复，强化在大家心中的印象，从而让大家记住你。

★AI快速创作

我将要参加一场活动，开场要作自我介绍，请你根据5个关键因素，为我的名字"王京"设计一个有记忆点的介绍。

AI会给你一系列的思路，你根据自己需求设计一个开场白的介绍，在不同场合反复使用，见图56。

如果你是在微信社群里分享，就不用说这么多，因为群里有微信。重点要放在你能为别人带来什么，提供什么价值。

我将要在一场活动中，上台介绍自己的名字，为了能够让大家记住我，请你为我的名字"王京"设计一个有记忆点的开场介绍。

请你参考以下5个关键因素：
1、幽默感：通过幽默的方式引起听众的兴趣和注意，使得介绍内容更加生动有趣。
2、关联日常生活：将名字与日常生活中常见的情景或例子相结合，让听众能够在熟悉的情境中记住名字。
3、创造记忆点：通过一个小故事或者情景模拟，使得名字不仅仅是一个普通的标签，而是带有特定含义或故事的标识。
4、个性化：展示名字背后的独特性或者与众不同的地方，让听众感受到这个名字的特殊魅力。
5、重复化：通过不断重复，强化在大家心中的印象，从而让大家记住你

大家好，我是王京。今天我要给大家讲一个关于"王京"的小故事，这个故事可能会让你们的生活变得更有趣哦！

有一次，我在家里无聊，就给自己编了一个口号："王者风范，京彩生活！" 这句话听起来是不是很有气势？（等待听众反应）

你们知道吗？我的名字"王京"其实就像这个口号一样，既有王者的风范，又有精彩的生活。想象一下，如果你每天都能以王者的姿态去面对生活，那该是多么精彩的事情啊！

图 56

2. 坐标

也就是你所在的城市。

这个很好理解，只需要告诉大家你常住城市即可，方便大家线下链接你。就不再展开叙述了。

3. 职业

职业也就是你现在所从事的职业，要用一句话来总结。

不仅要让别人知道你是做什么的，还要充分展示自己的亮点，这样才能让大家快速记住你，知道哪些地方可以合作。

这个时候要学会用"贴标签"的方式来进行自我介绍，也就是职业加上"价值标签"。

举个例子：

职业：我现在从事新媒体工作，是一名写作者。

贴标签：我现在从事新媒体工作，是一名擅长创作10W+爆款文的写作者。

后者，我给自己贴上了"10W+爆款文"的价值标签。

你可以梳理一下自己最有亮点的价值标签，组合成一句顺口的话。以后在做自我介绍的时候随时拿出来用。

★关键点

给现有职业贴价值标签。

★AI快速创作

01. 请问××职业的成就性标签有哪些?

02. 我是一名××，请你按照模板中贴标签的方法，来描写我的职业

提问要一个一个来，循序渐进

AI创作效果如图57、图58，它能够快速给你提供思路，你只需结合实际职业特性进行修改即可。

请问软件工程师的成就性标签有哪些?

⊘ 引用 8 篇资料作为参考　　　　　　　　　　　　　　　　　　ⅴ

软件工程师的成就性标签通常反映了他们在技术、业务和管理方面的专业能力和贡献。以下是一些常见的成就性标签:

- 高效能算法开发:擅长设计和实现高效算法，以优化系统性能。

- 解决复杂技术难题:能够解决复杂的技术问题，为项目带来突破。

- 技术创新者:在软件开发领域有创新性的技术贡献。

- 团队协作与项目管理:能够高效地领导和管理团队，确保项目的成功交付。

- 精通多种编程语言:熟练掌握多种编程语言，如Java、Python、C++等。

- 数据结构与算法专家:对数据结构和算法有深入的理解和应用能力。

这些标签不仅展示了软件工程师的技术专长，还体现了他们在团队合作、项目管理以及技术创新方面的综合能力。通过这些标签，可以快速了解软件工程师的专业成就和独特价值。

图 57

参考模板
职业:我现在从事新媒体工作，是一名写作者。
贴标签:我现在从事新媒体工作，是一名擅长创作10W+爆款文的写作者。

我是一名软件工程师，请你按照上面贴标签的模板，来描写我的职业

职业:我是一名软件工程师。

贴标签:我是一名精通多种编程语言、擅长解决复杂技术难题的软件工程师。

👍　👎　🗋　↪

图 58

4. 成就事件

你做成过什么事情。取得了什么样的成就。

很多人觉得自己的经历比较薄，也没有什么特长，好像没有什么成就事件，这时候要学会多维立体展示自己，可以参考2个点来进行梳理：职业成就+个人擅长。

① 职业成就：就是职场上取得的成绩。这个时候先不要否定自己，要像小学生写作业一样，一条条罗列下来，认真梳理自己的成绩。

例如，写过多篇爆款文、低学历拿到大厂Offer、获得某某奖励、创立了自己的公司、服务过500强公司、一年成交额破千万等等。这些都算你的职场成绩，在做自我介绍的时候可以为自己加分。

当大家听到你的成绩时，也会知道你突出的能力是什么，想和你合作的人能快速地找到你，这就是你为自己创造的机会。

② 个人擅长：除了本职工作以外，梳理你还有哪些比较擅长的点。

比如，你很会主持，曾经主持过某某大型晚会；你很会画画，获得了某某奖；你喜欢心理学，工作之余考取了心理学职业资格证书；你很喜欢旅行，会做旅游攻略等等，这些都可以凸显你的优势。

别觉得和本职工作无关就不算成就，职场不是学校的考场，比拼的不是单一的"分数"，而是综合能力。业余爱好也会让大家觉得你是一个更立体的人，所以要全方位地展示自己，凸显自己的能力，尤其是职场履历比较薄的时候，个人擅长就是增补项。

当你梳理完以后，在任何一个场合作自我介绍，都可以把提前准备好的一套模板拿出来用。

★关键点

① 职业成就

职场成绩：列出在职业生涯中取得的所有显著成绩。

具体实例：包括爆款文写作、获得大厂Offer、获奖情况、创立公司、服务500强企业、高成交额等。

展示能力：通过具体成就展示突出的能力和专业技能。

创造机会：让潜在合作者快速了解你的优势，找到合作契机。

② 个人擅长

非职业特长：梳理除本职工作外的个人特长和兴趣爱好。

具体实例：如主持经验、艺术获奖、专业证书、旅行攻略等。

综合能力展示：强调职场不仅仅是单一技能的比拼，而是综合能力的较量。

增补项：在职场履历较薄时，个人擅长可以作为亮点补充，提升整体竞争力。

★AI快速创作

01. 定身份：我是一名××从业者

02. 定场合：请你帮我写一份××场合使用的自我介绍

03. 定信息：要凸显以下的关键信息（你梳理出来的"职业成就+个人擅长"）

04. 定风格：语言风格要谦虚又能凸显自己成绩

我们先让AI来写一个线下活动的自我介绍，让它写得幽默一些，如图59。

我是一名新媒体文案写作者，请你帮我写一份线下活动上台使用的自我介绍，要凸显以下的关键信息，语言风格要幽默风趣
- 职场成绩：擅长写爆文文案
- 具体实例：多篇100W+阅读量的爆款文、创立公司、服务500强企业、1篇200字文案1小时内成交100人等。
- 非职业特长：擅长住持和画画
- 具体实例：主持过公司的年度晚会、写了3年油画，作为业余爱好变现了10万。

以下是一份语言风格幽默风趣的线下活动上台自我介绍：

亲爱的朋友们：

大家好呀！

我是[姓名]，号称"文案小霸王"的新媒体文案写作者！

在我的职场生涯里，写爆文就跟玩儿似的。多篇 100W+阅读量的爆款文，那都是我的"家常便饭"。我还自己开了家公司，给 500 强企业服务，简直就是"打遍天下无敌手"！

有一次，就一篇 200 字的文案，短短 1 小时，我就让 100 人乖乖下单，这效率，简直逆天了！

工作之外呢，我更是"多才多艺"的宝藏男孩/女孩。主持？小菜一碟！公司的年度晚会都被我 hold 住了。画画？我可是认真的，3 年油画可不是白练的，靠着它，我居然变现了 10 万，感觉自己都要变成"土豪"啦！

怎么样，是不是很厉害？快来和我一起玩耍吧！

希望这份自我介绍能让您满意，如果您还有其他想法或需要修改的地方，请随时告诉我。

图59

我们再让AI来写一个职场中的自我介绍，让它写得谦虚一些，如图60。

我是一名新媒体文案写作者，请你帮我写一份职场使用的自我介绍，要凸显以下的关键信息，语言风格要谦虚又能凸显自己成绩
- 职场成绩：擅长写爆文文案
- 具体实例：多篇100W+阅读量的爆款文、创立公司、服务500强企业、1篇200字文案1小时内成交100人等。
- 非职业特长：擅长住持和画画
- 具体实例：主持过公司的年度晚会、写了3年油画，作为业余爱好变现了10万。

以下是一份适合职场使用的自我介绍：

大家好，我是[姓名]，一名致力于新媒体文案创作的小伙伴。

在工作中，我一直努力提升自己的写作能力，很幸运能够取得一些成绩。我比较擅长写爆文文案，有多篇达到了100W+的阅读量。此外，我还创立了自己的公司，并且有幸为500强企业提供服务。

有一次，我写了一篇200字的文案，在1小时内成功成交了100人，这让我感到非常惊喜和自豪。

除了工作，我还有两个小小的爱好。一个是主持，曾经主持过公司的年度晚会，虽然只是兴趣使然，但也很享受这个过程。另一个是画画，已经坚持画了3年油画，没想到还通过这个爱好变现了10万，这对我来说是一个意外的收获。

当然，我还有很多需要学习和提升的地方，希望在未来的工作中能和大家一起进步，共同成长！

以上自我介绍您觉得如何？如果您有其他的修改建议，比如增减内容、调整语言等，可以随时和我交流。

图60

你看，AI可以随时变换语气，写出一份不同场合使用的自我介绍，创作效果相当不错。

5. 我能提供的帮助

梳理完自己的成就事迹，紧接着思考这些特长给他人提供什么帮助。

比如：你是写作者，帮大家写商业软文，卖爆产品；你是心理咨询师，能给大家提供心理咨询，缓解精神压力等。

这一点是自我介绍中很重要的一点，千万不要忽略最后的这一环。不管你有多优秀，关别人什么事情呢？只有你在某方面很优秀，还能帮助别人变得很好，才有价值。

★关键点

根据梳理的标签，写出能帮助别人解决什么问题。

★AI快速创作

01. 请你对以下关键信息做补充，这些标签能帮助别人解决什么问题

02. 比如：文案创作者，帮你10倍提升成交力；心理咨询师，能给你提供心理咨询，缓解精神压力等

03. 请你用简洁清晰的大白话描述出来，让读者有种看到即得到的获得感

按照这些提示词，现在让AI来创作，看一下效果，见图61。

01. 请你对以下以下标签做补充，这些标签能帮助别人解决什么问题
02. 比如：文案创作者，帮你10倍提升成交力，业绩提高5倍
03. 请你用简洁清晰的大白话描述出来，让读者有种看到即得到的获得感

标签：多篇100W+阅读量的爆款文、创立公司、服务500强企业、1篇200字文案1小时内成交100人

01. 标签补充与解决的问题

多篇100W+阅读量的爆款文

- 补充：通过撰写和优化内容，创造高流量的文章。
- 解决的问题：帮助你在短时间内吸引大量读者，提高知名度和影响力。

创立公司

- 补充：从零开始建立并运营一家成功的公司。
- 解决的问题：提供切实可行的创业指导，降低创业风险，助力实现商业梦想。

服务500强企业

- 补充：为世界顶级企业提供专业的服务和支持。
- 解决的问题：确保你的业务水平达到行业顶尖标准，赢得更多高端客户的信赖。

1篇200字文案1小时内成交100人

- 补充：创作极具吸引力的短文案，迅速促成交易。
- 解决的问题：提高销售转化率，让你的产品或服务快速被市场接受。

02. 简洁清晰的描述

- 多篇100W+阅读量的爆款文：想要迅速走红？跟着爆款文制造者，让你的文章轻松吸引百万人关注，影响力飙升！
- 创立公司：创业小白也能变大咖？创立公司的专家手把手教你，让你的创业之路畅通无阻，梦想成真！
- 服务500强企业：想跟大佬们合作？我们的服务就是为你量身打造，让你的实力得到业界认可，生意越做越大！
- 1篇200字文案1小时内成交100人：还在为销售发愁？看这里，一篇短文就能让客户主动找上门，成交率飙升不是梦！

图61

AI可以在几秒之内，进行总结，相当完整，你按照自己平时说话的习惯，简单修改即可。

以上就是自我介绍的写作方法。你可以按照这个方法进行梳理，一条一条写出来，放在自己的文档中，当你需要做自我介绍的时候，你只需要按照不同的场合，灵活运用就可以了。

一次梳理，反复使用。让你不断被放大，不断被看到。

每一次的出场都是机会，每一次的第一印象也可能是终身印象。自我介绍值得你好好打磨。

第2节　AI助你写好朋友圈，边交朋友边成交

"流量的尽头是私域，私域的尽头是微信"。任何一个行业都离不开微信朋友圈成交。

做自媒体以来，我发现朋友圈成交是最容易的，一是在朋友圈中，更容易培养信任基础，只要正确发圈，就能通过1条文案成交上百人，1分时间百倍收益；二是朋友圈离用户和粉丝最近，很容易打造个人品牌，是一个巨大的广告牌。

不论短视频和直播多么火爆，你努力吸引的粉丝实际上属于平台，也就是现在常说的公域流量，不属于你自己。毕竟，不会有人全天候守在直播间等你。目前，许多人在抖音、小红书等平台进行短视频创作或直播带货，但最终目的往往是引导至微信完成交易，这样做可以提高粉丝的黏性并促进转化。

因此，朋友圈是离钱最近的平台，相当于我们线上的个人店铺。把朋友圈运营好，其效果远超拥有100万黏性不高的粉丝。

朋友圈成交最好的方法：边交朋友边成交！

接下来给大家分享六维打造朋友圈，百倍提高成交率。

1. 养成系，边交朋友边成交

让用户看着你成长，会自带亲切感和信任感。有了信任基础，你推荐的产品，也就自带说服力。

例如，我经常会写自己写作的故事《凌晨3点睡，早上6点起，终于写出了第一篇10W+》《因为学习写作，我成了周围人眼中的"怪物"》《死磕写作1个月备受打击，当我要放弃时，收到了第一笔稿费》等等。

养成系的朋友圈文案通常侧重于展示一段时间的成长或变化，强调与大家长期共同进步。以下是一些撰写养成系朋友圈文案的关键：

① 描述你为实现某个目标所付出的努力和取得的进展。

② 使用时间线或阶段性成果来展示成长的连续性。

③ 强调每天、每周或每月的坚持和进步，不论大小。

④ 分享克服挑战和困难的故事，传递正能量。

⑤ 通过讲故事的方式来叙述你的经历，使内容更具吸引力。

⑥ 保持一定的更新频率，让观众习惯于关注你的成长动态。

⑦ 设定长期目标，并定期回顾和总结，展示成长的轨迹。

⑧ 通过正面的榜样和启示，激励他人也参与到与你的共同成长中来。

⑨ 避免过度修饰，保持内容的真实性。

根据这些关键点，可以总结出一套模板和提示词。

★写作公式

时间段+领域/技能+具体成就+学到感悟+信念/价值观

★AI快速创作

◎ 提示词

01. 时间段：写具体的时间长度，如"一个月""三个月"或"一年"等

02. 领域/技能：指明你在哪个领域或技能上取得了进步，如"摄影技巧""烹饪水平"等

03. 具体成就：详细描述你在该领域取得的成就或进步，可以是具体的成绩、技能的提升或是某个重要里程碑

04. 学到感悟：分享在这个过程中你学到的东西或者有深刻体会的点

05. 信念/价值观：强调这个成长过程对你价值观的影响或是你因此更加坚信的理念

这个模板帮助你系统地分享你的成长故事，同时激发用户的共鸣和参与感。

★举例说明

套用上述提示词，写一篇关于"写作领域"的朋友圈文案，如图62。

> 01.时间段：一个月
> 02.领域/技能：写作技能提升，
> 03.具体成就/进步：写了一篇10W+爆款文章，赚了1000元
> 04.学到的事物/感悟：我发现选题很重要，结合热点更容易有流量
> 05.信念/价值观：我觉得写作还是要有方法，不能盲目努力

【写作成长】#写作进步之旅

"一个月的时间，我的写作技能有了显著提升，成功写出了一篇10W+爆款文章，并赚得了1000元。这个过程让我深刻体会到选题的重要性，结合热点能让内容更具吸引力。我坚信，写作需要技巧和方法，盲目努力不如智慧前行。一起加油，追求更高的成就！ 📝💰 #写作成长 #智慧努力"

这个简短的文案模板结合了具体的时间段、领域、成就、感悟和信念，有效地传达了成长和进步的信息。

图 62

如果，你觉得上述文案不够轻松，可以让AI进一步优化，如图63。

> 请你把上述文案变成朋友圈文案，尽可能的口语化，让读者觉得很亲切

"嘿，朋友们！一个月的时间过去了，我在写作上可是有了不小的进步哦！ 🎉

猜猜看，我做了什么？没错，我写了一篇超火的文章，阅读量竟然破了10万，还赚了1000块钱呢！ 😮

这次经历让我发现，选对题目真的超级关键，尤其是那些紧跟热点的，流量简直不要太高！

我越来越觉得，写作这事儿得讲方法，不能只是埋头苦干。有技巧地努力，效果才会更好！

大家一起加油，向着更高的目标前进吧！ 💪

#写作成长 #智慧努力"

这样的文案更加口语化，显得轻松亲切，适合发朋友圈。

图 63

养成系朋友圈文案，还可以参考模板001和模板011，阶段性给用户展示你的成绩，并配上相关的图片。

人性慕强，更慕真。你真实的成长自带雷霆万钧。

好的营销，不是我非要向你推销，而是我努力活好，用真实经历告诉你，我在用、我在做、我在成长。同时，我用这样的方法或产品后，有结果、有成绩、有收获。

我们一起成长，一起进步，一起受益！

2. 干货系，边分享边成交

发干货类朋友圈，不仅能够提供有价值的信息，还能展示你的专业能力，从而建立顾客对你的信任。让他们在需要帮助的时候第一时间想到你。那么成交也是水到渠成的事。

干货系的朋友圈文案专注于提供有价值的信息、技巧或知识，以下是撰写干货系朋友圈文案的一些关键点：

① 开头吸引人：开头直接点明文案的主题，让读者立即知道内容的重点。

② 内容简洁：保持在几段文字以内，突出核心要点。

③ 实用性强：提供明确的行动指南或操作步骤。

④ 举例说明：可以举个例子，让读者更容易理解。

根据这些关键点，可以总结出一套模板和提示词。

★写作公式

点明主题+具体步骤+举例说明

★AI快速创作

◎ 提示词

01. 开头使用疑问句或直接点明好处，如"想知道如何轻松管理时间吗""职场晋升的五个关键步骤"等

02. 中间部分，分享×个具体的技巧、方法或步骤

03. 避免冗长和复杂的句子，使用简单直白的语言

04. 通过实际案例或个人经历来说明观点，增强内容的可信度和吸引力

★举例说明

套用上述提示词，写一篇关于"摄影技巧"的朋友圈文案，如图64。

我要写一篇关于提升摄影技巧的朋友圈文案

01.使用疑问句或直接点明好处，提升摄影技巧秘诀
02.分享3个具体的技巧、方法或步骤，
03.避免冗长和复杂的句子，使用简单直白的语言
04.通过实际案例或个人经历来说明观点，增强内容的可信度和吸引力

"想让你的照片瞬间高大上？ ★ 掌握这几个小技巧就够了！

1. 黄金时刻拍摄：利用日出和日落时的柔和光线，让你的照片色彩更加丰富和温暖。

2. 规则三分法构图：将画面分成九宫格，把重要的元素放在交点上，创造更平衡的视觉效果。

3. 后期调色技巧：简单几步调整对比度和饱和度，让照片瞬间焕发光彩。

记得上次去海边，用这些技巧拍的照片收到了好多赞！ 📷

试试这些方法，让你的摄影技巧大提升！如果你有更多摄影秘诀，欢迎分享哦！ 📷

#摄影技巧 #拍照秘籍"

这样的文案简洁明了，直接点出了提升摄影技巧的好处，并提供了具体的操作方法，同时通过个人经历增加了内容的吸引力。

图 64

在没有情感指令的情况下，AI写出来的文案中规中矩。但朋友圈需要一些亲民、活泼的风格，此时继续给AI风格化的指令，可以加入一些引人入胜的元素，比如幽默、惊喜或者情感共鸣等，来看看AI改写的效果，如图65。

当然，为了让文案更具吸引力，我们可以加入一些引人入胜的元素，比如幽默、惊喜或者情感共鸣。以下是一个更吸引人的朋友圈文案示例：

"📷 揭秘！如何让你的照片惊艳朋友圈？

你是否厌倦了那些平平无奇的照片？试试这三个秘诀，让你的每一拍都成为话题中心！

1. 捕捉魔法时刻：日出日落不只是看风景的好时机，更是拍照的黄金时段。那柔和的光线，能让你的照片瞬间提升逼格。

2. 玩转构图艺术：谁说拍照一定要中规中矩？试试规则三分法，把美景和美人放在画面的黄金分割点，让你的照片瞬间高大上。

3. 后期魔法师：后期处理不是专业人士的专利。简单几步调整，就能让你的照片色彩爆棚，直逼专业水准。

记得那次和朋友去旅行，我用这些小技巧拍的照片，连导游都问我要联系方式！ 😜

现在轮到你了！快来试试这些秘诀，让你的摄影技能飞跃，朋友圈点赞爆棚不是梦！

#摄影达人 #拍照技巧分享"

图 65

干货系朋友圈文案，还可以参考模板011～020（即第二章第2节的专业式文案成交），在这些基础上，按照朋友圈的风格来修改即可。

3. 生活系，把货卖到朋友心坎里

既然是朋友圈，就要把客户当作朋友，要适当分享你的生活，才显得更加亲切。相信每个人都不希望看一个只有广告的朋友圈，这样的朋友圈大概率会被屏蔽。

你可以写生活中发生的大大小小的事情，比如今天和长辈聊天被问工资多少；今天看了电影有什么启发；今天看了书有什么收获；今天逛街发生了什么意外；今天在地铁上听到一对情侣吵架等等。

这些都可以写下来，并写写你的感悟，以小见大，给人启发。

这类话题能够引起朋友圈的讨论，增加评论区的互动性，拉近和大家之间的距离。

生活系的朋友圈文案通常聚焦于日常生活的点滴，强调情感体验和生活态度。以下是撰写生活系朋友圈文案的一些关键点：

① 分享真实的日常生活和个人感受，避免过度修饰或虚构。

② 通过描述日常生活中的小确幸或情感体验，引起读者的共鸣和情感共振。

③ 展示独特的个性和生活态度，让读者感受到你的独特魅力和价值观。

④ 通过分享生活中的点滴，传递积极的生活态度和价值观，影响读者的思考方式。

⑤ 适当加入幽默风趣的语言，使内容更加轻松愉快，吸引读者的注意力。

★写作公式

今日生活趣事+个人感受+反映态度+总结

★AI快速创作

◎ 提示词

01. 简洁明了地描述当天的活动或场景，如："今天在公园慢跑了半小时"

02. 请你围绕当天活动，分享个人感受，可以是愉悦、满足、思考等，如："那一刻，我觉得生活真是美好极了。"

03. 这件事反映出我的生活态度或价值观，如："我坚信，每一步都算数。"

04. 以积极向上的话语结束，鼓励共鸣，如："希望每个人都能找到属于自己的小确幸！"

05. 加入一句轻松幽默或者积极向上话，提升阅读乐趣

★举例说明

套用上述提示词，写一篇关于"突然下雨很狼狈"的朋友圈文案，如图66。

我今天下班回家突然下雨，感觉心情很糟糕，想要写一篇200字的朋友圈

01.简洁明了地描述当天的活动或场景，如："今天在公园慢跑了半小时"
02.请你围绕当天活动，分享个人感受，可以是愉悦、满足、思考等，如："那一刻，我觉得生活真是美好极了。"
03.这件事反映出我的生活态度或价值观，如："我坚信，每一步都算数。"
04.以积极向上的话语结束，鼓励共鸣，如："希望每个人都能找到属于自己的小确幸！"
05.加入一句轻松幽默或者积极向上话，提升阅读乐趣。

"今天下班路上，天空突然变脸，大雨倾盆而下。"

雨滴打在身上，瞬间心情也跟着阴沉下来。那一刻，感觉整个世界都在跟我作对，心情糟糕透顶。

不过，这也让我明白了一个道理：生活总是充满了意外，我们需要学会接受并从中找到乐趣。我相信，每一次挫折都是成长的机会。

虽然被雨淋湿了，但我依然相信明天会是晴天！哈哈，下次出门记得带伞，毕竟老天爷的脾气我们也猜不透嘛！希望大家都能在面对困境时保持乐观，一起加油！

图 66

只要给对指令，AI就能给快速写一篇有趣有料的朋友圈。

4. 思考系，吸引朋友主动靠近

你有没有发现，现在大家越来越喜欢有思想、有独特见解的人。有思想魅力的人在社交和商业场合中具有很大的吸引力。通过分享有价值的思考，他们能够影响更多的人，并吸引潜在客户。且深刻的思想往往触及人心，能够引发强烈的情感共鸣。

你可以在朋友圈释放一些你的思考片段。

写思考系的朋友圈文案时，重点在于表达深刻的见解和引发共鸣的思考。以下是一些具体的关键点：

① 分享某个小故事或体验，结合自己的反思。

② 总结思考的结果或提出问题，展示自己的成长过程。

③ 用比喻或类比让复杂的概念更容易理解。

④ 适当引用名人名言，增强说服力。

⑤ 不必追求完美，真实的情感更能打动人心。

⑥ 不要频繁发布，保持一定的频率，以免让人感到厌烦。

★写作公式

某种体验+观点提炼+生活映射

★AI快速创作

◎ 提示词

01. 简洁的描述某种体验带来的感受

02. 这件事背后反映了什么？

03. 折射出生活中哪些常见现象？

04. 用比喻或类比让复杂的概念更容易理解

05. 加入一些谦卑的词语结尾，表明这是自己一点小思考

★举例说明

套用上述提示词，写一篇关于"咖啡厅写作"的朋友圈文案，如图67。

"今天在咖啡馆安静地写作，周围的喧嚣仿佛消失了，只剩下内心的平静与思绪的流淌。"

这种体验让我感受到，真正的专注可以屏蔽外界的干扰，让人进入一种忘我的境界。

这件事背后反映出，在快节奏的生活中，我们常常迷失在噪音和忙碌中，忘记了内心的声音。

这折射出生活中常见的现象：我们渴望宁静和专注，却又难以摆脱外界的诱惑和压力。

就像一杯热咖啡，表面上是滚烫的液体，但当你静下心来品味，才能感受到那深层的温暖与香醇。

这只是我个人的一点小思考，希望能给大家带来一些启发。 😊

图67

AI创作的文案，会根据你的提示词，运用"这件事背后反映了×××""折射出×××"这类句子。你要去掉这些用词，修改更加口语化一下，也可以融合自己的感受，再写一些独特的内容。

5. 互动系，增强成交的契机

现在微信朋友圈的管控越来越严格，如果缺乏互动，可能对方会刷不到你的朋友圈动态。因此，要发一些互动性的话题，鼓励朋友参与讨论，从而提升朋友圈的活跃度。这种互动还能够吸引潜在客户的注意，提高用户黏性。

常见的互动形式：

① 引导朋友点赞或评论，例如"给点赞数量达6、16、18的小伙伴送红包"。

② 感谢大家的支持，例如，我们给大家准备了一份小礼物，每个人都可以免费领取，只要在评论区打出"想要"。我就会私信你。

③ 写一些互动性文案，例如，对一些当下社会热点的讨论，文末问问大家的建议。

④ 写一些投票或选择题，例如："你觉得今天的穿搭怎么样？A. 很时尚；B. 还可以；C. 需要改进。"

⑤ 还有一类猜谜语/脑筋急转弯，也很容易激发大家的兴趣，带着大家一起玩，一起快乐。

这一类文案，搭配其他类型，最后加上互动引导语。如果需要搜集相关信息，可以直接让AI指令，提供5个好玩的脑筋急转弯即可，就不展开描述了。

6. 产品系，推动批量式成交

当你在朋友圈中打造好人设后，别人自然不会轻易屏蔽你。他们会像追剧一样，喜欢你发布的动态，因为你的内容既有趣又有价值。在这种情况下，别忘了向朋友们介绍你的产品。

你可以结合自己的小故事来介绍产品，例如："今天遇到了一件让人头疼的事情，突然想到我的产品可以有效解决这个问题。"接着详细介绍产品的优势，希望能为朋友圈中有需求的人提供帮助，并邀请他们私信咨询。也可以直接发硬广，提前梳理好产品卖点，把产品展示给朋友圈即可。

★写作公式1

某件事想到了我的产品+产品介绍+欢迎私信

★AI快速创作

◎ 提示词

01. 今天发生了××头疼的事情

02. 这件事想到了××产品

03. 他能解决××问题

04. 推荐给朋友们，欢迎大家来私信我

05. 语言活泼，用朋友聊天的形式来写文案

★举例说明

套用上述提示词，写一篇关于"文件整理"的朋友圈文案，如图68。

01.今天整理文件，真的很头疼
02.这件事想到了"文件整理神奇XXX"
03.他根据文件名快速分门别类的整理成到不同文件夹
04.推荐给朋友们，欢迎大家来私信我
05.语言活泼，用朋友聊天的形式来写文案

今天整理文件，真的是让我头疼不已啊！😵 文件一堆一堆的，找起来就像是在迷宫里穿梭，太费劲了！

这时候，我想起了"文件整理神奇XXX"！🎉 它简直是我的救星啊！它能根据文件名快速地分门别类，整理成不同的文件夹，简直太方便了！

有了它，我的文件再也不用乱糟糟的了，一切都变得井井有条！🏆

朋友们，如果你们也在为整理文件烦恼，那就快来私信我吧！让我们一起用"文件整理神奇XXX"告别混乱，享受高效整理的快乐！💫👀

图 68

★写作公式2

产品名称+解决问题+产品优势

★AI快速创作

◎ 提示词

01. 请你为××产品写一个朋友圈营销文案

02. 这个××产品，专门解决××问题

03. 请你提供3个思路，告诉我这类产品如何介绍它的优势

04. 推荐给朋友们，欢迎大家来私信我/点击链接购买

05. 语言活泼，用朋友聊天的形式来写文案

★举例说明

套用上述提示词，写一篇关于"补水面膜"的朋友圈文案，如图69。

01.请你为AAA面膜写一个朋友圈营销文案
02.这个面膜，专门解决补水问题，让脸部更水润
03.请你提供3个思路，告诉我这类产品如何介绍它的优势
04.推荐给朋友们，欢迎大家来私信我
05.语言活泼，用朋友聊天的形式来写文案

思路一：强调即时效果

今天用了AAA面膜，简直惊艳！😊 脸部瞬间变得水润润的，感觉像喝饱了水的小仙女。

这款面膜专门解决补水问题，让你的肌肤瞬间焕发光彩。💫

朋友们，如果你们也想拥有水润肌肤，快来私信我吧！✨

思路二：强调长期效果

最近皮肤干燥得不行，用了AAA面膜后，彻底改变了我的护肤体验！🌸

这款面膜不仅能即时补水，还能持续锁住水分，让肌肤长期保持水润状态。💧

推荐给所有需要补水的朋友们，欢迎私信我了解更多！👀

思路三：强调成分和安全性

今天发现了一款超级好用的面膜——AAA面膜！🌿 它采用天然成分，安全无刺激，特别适合敏感肌。

这款面膜专注于补水，让脸部肌肤水润透亮，简直是干燥季节的救星！🌱

朋友们，如果你也在寻找一款好用的补水面膜，赶紧来私信我吧！🤍

图 69

通过这样的形式，多维度打造朋友圈，边交朋友边成交。

在你的朋友圈里，每一次互动不仅仅是简单地点赞或购买产品，而是真正的交流与连接。你不仅是在分享生活点滴，更是在拓展人脉的同时，自然而然地促成交易。

我很多朋友圈的用户，都发展成了好朋友，大家一起聊感情、聊合作、聊某个热点，特别开心。

第3节　AI赋能小红书，10分钟写出爆款成交笔记

我身边的很多朋友都说："现在已经离不开小红书了，吃什么问小红书，穿什么问小红书，用什么问小红书，去哪儿玩也问小红书，就连学习打卡都和小红书一起进行了。"

小红书汇集了搜索、推荐、学习等多种功能，且大家也默认了小红书就是综合性分享平台。因此，在小红书上进行营销也更容易。我在小红书上写的商业种草笔记都是破千的赞藏，大家很喜欢收藏好物和技巧。

学会用AI助力，你也能在10分钟写一篇有成交力的爆款笔记。

1. AI助力，帮你快速搭建爆款选题库

借助AI，让它给我们提供选题，且可以根据选题演变出更多的内容，确保每天都有新颖且独特的选题。

★AI快速创作1

◎ 提示词

请你给我提供一个关于营销"××产品"的选题库

01. 请你至少提供10个选题

02. 分析这些选题为什么会成为爆款

03. 选题库要以表格的形式展示出来

★举例说明

让AI提供一个关于营销"文案课"的选题库。看看AI提供的内容，如图70。

请你给我提供一个关于营销"文案课"的选题库

1、请你至少提供10个选题
2、分析这些选题为什么会成为爆款
3、选题库要以表格的形式展示出来

文案课选题库

图70

序号	选题	爆款原因
1	"文案课：5分钟学会写出吸金文案"	数字与轻松感结合，突出文案的经济价值
2	"文案课助我月入过万：真实案例分享"	实用性与激励性并存，展示文案技能如何转化为收入
3	"揭秘顶级文案的写作秘诀"	权威性与好奇心驱动，借用知名文案的经验
4	"文案课上的创意火花"	创新与趣味性，强调文案创作中的灵感和创意
5	"从文字小白到文案高手：我的蜕变之旅"	共鸣与励志，分享个人成长故事
6	"文案课：打造个人品牌的秘密武器"	个人成长与社会价值，关联个人品牌建立
7	"文案课中的实战演练与反馈"	互动性与实操性，强调实战经验
8	"文案课限时特惠：名额有限，速来抢购！"	紧迫性与优惠刺激，利用限时优惠策略
9	"文案课：让你的文字更有力量"	情感共鸣与价值引导，强调文案的情感表达重要性
10	"文案课：职场晋升的秘密武器"	关联职场晋升，突出文案技能的重要性及学习它的紧迫性

图 70

AI提供的选题库相当不错，且给出了爆款原因。接下来，你挑选最喜欢的一个，让AI创作标题。

仔细观察小红书的特征，爆款标题有一些很突出的特征。

① 标题有很明显的数字。例如："5分钟学会×××"。

② 让用户看完觉得很容易、很轻松，有一种爽感。例如："轻松实现×××"。

③ 满足某一部分人群的需求或者解决痛点。例如："告别熬夜黑眼圈，5分钟学会这几招！"

④ 标题中包含具体的生活场景或使用情境，让用户能够立即联想到自己。例如："出差必备！"

⑤ 标题紧跟时下热点话题或流行趋势，增加内容的时效性和关注度。例如："今年最火的穿搭风格"。

⑥ 标题强调学习后能够带来的显著效果，增强用户的期待感。例如："减掉5斤的小秘诀"。

⑦ 标题中提及名人或网红，借助他们的影响力吸引用户。例如："跟××

学：5分钟打造完美妆容"。

基于这些特征，就可以总结出一套好用的提示词。

★AI快速创作2

◎ 提示词

请你将第××选题，变成10个有吸引力的标题

01.标题要有数字，让用户看完有获得感

02.凸显轻松感，让用户看完觉得能轻松学会

03.标题要结合××需求等

★举例说明

在上面AI给我们提供的选题中，拿第一个举例子，让它变成10个有吸引力
标题，如图71。

请你将第一个选题"5分钟学会写出吸金文案"，变成10个有吸引力的标题
01.标题要有数字，让用户看完有获得感
02.凸显轻松感，让用户看完觉得能轻松学会
03.标题要结合职场需求、自媒体需求，或者赚到了XX钱等

以下是根据您的要求，为"5分钟学会写出吸金文案"这一选题生成的10个有吸引力的标题：

1.5分钟速成：职场吸金文案秘籍

- 强调快速学习，突出职场实用性。

2.5分钟学会，轻松写出日赚XX元文案

- 结合具体赚钱数额，增加吸引力。

3.5分钟掌握吸金文案，自媒体人必备

- 针对自媒体需求，突出重要性。

4.5分钟学会，轻松实现文案变现

- 强调快速学会并变现的能力。

5.5分钟打造吸金文案，轻松提升业绩

- 关联业绩提升，适用于职场人士。

6.只需5分钟，学会写出爆款吸金文案

- 突出爆款效果，提升文案吸引力。

7.5分钟学会吸金文案，轻松赚取额外收入

图71

- 强调轻松赚取额外收入的潜力。

8. 5分钟速成吸金文案，职场晋升新法宝

- 关联职场晋升，增加学习动力。

9. 5分钟学会，自媒体收入翻倍的文案技巧

- 针对自媒体人，强调收益翻倍的潜力。

10. 5分钟轻松学会吸金文案，赚钱不再难

- 突出轻松学会并赚钱的效果。

这些标题都包含了数字、凸显了轻松感，并结合了职场需求、自媒体需求或具体的赚钱效果，希望能满足您的需求！

图71

这样一套提示词下来，2分钟时间可以得到一个心仪的标题了，还可以根据小红书的爆款标题的特征，进一步深入。

★AI快速创作3

◎ 提示词

请你将第××选题，变成10个有吸引力的标题

01. 标题中包含××生活场景，让用户在××时能够立即联想到自己

02. 标题要结合当下大家都在谈论的××热点话题来写

03. 标题要强调学习后能够带来的显著效果

04. 标题中要借势××明星，增加吸引力

你可以在写标题的时候，根据自己产品特点，有选择性投喂给AI，就能演变成多个标题。

2. AI赋能，快速创作爆款小红书笔记

小红书正文容纳字数是1000字，其中包含符号，因此正文通常要控制在800字以内，小红书笔记通常是你用了一款产品，学会了一个技能，分享给身边的好朋友的心得体会，所以语言尽可能简练，用日常的口吻娓娓道来，让人觉得像在聊天，又感觉平易近人。现在产品越来越多了，没有人愿意点击冷冰冰的购物链接，你只有变成言之有物的"专家"，或者是读者对象的贴心好朋友，才会赢得消费者的青睐，进而提升转化率，这就是小红书的种草风格，让你觉得亲近。

小红书的笔记框架多种多样，可以根据内容和目的选择合适的框架来组织文案。以下是几种常见的小红书笔记框架类型：

① 总分总结构

开头：简短介绍主题，吸引读者注意。

中间：详细阐述内容，分点说明或举例。

结尾：总结要点，呼应开头，鼓励互动。

② 攻略/大全+清单罗列

引言：提出问题或需求。

主体：按点列出解决方案或推荐清单。

结尾：总结或强调重点，提供进一步操作的指引。

③ 故事化叙述

背景：讲述一个与主题相关的故事或经历。

发展：逐步展开故事情节，引入产品或技能。

高潮：展示产品或技能的关键优势或效果。

结尾：总结故事，呼吁读者行动。

④ 问题解答式

提出问题：明确指出读者可能遇到的疑问。

分析原因：解释问题的成因或影响。

给出答案：提供解决方案或建议。

⑤ 亲身经历分享

个人经历：描述自己使用产品或学习技能的过程。

感受与变化：分享使用后的感受和生活中的变化。

推荐理由：阐述为什么推荐给其他人。

⑥ 对比评测

产品介绍：简要介绍被评测的产品或服务。

对比分析：与其他类似产品进行对比分析。

结论与建议：给出最终评价和使用建议。

⑦ 教程类

准备工作：说明开始前的准备工作和所需工具。

步骤详解：分步骤详细解释操作流程。

注意事项：提醒读者注意的事项或常见问题。

在写小红书笔记的时候，你可以直接套用上述的框架和结构。

★举例说明

现在你要写一篇云南旅行的小红书笔记，很适合用"攻略/大全+清单罗列"这个框架，让AI按照这个结构去创作即可，如图72。

★AI快速创作

◎ 提示词

我想写一篇关于云南旅行的小红书笔记，请你按照以下结构来写一篇

01.引言：提出问题或需求

02.主体：按点列出解决方案或推荐清单

03.结尾：总结或强调重点，提供进一步操作的指引

我想写一篇关于云南旅行的小红书笔记，请你按照以下结构来写一篇
- 引言：提出问题或需求
- 主体：按点列出解决方案或推荐清单
- 结尾：总结或强调重点，提供进一步操作的指引

云南旅行攻略：5天4夜畅游大理、丽江、香格里拉

引言

Hey小伙伴们，大家好！ 🙌 有没有和我一样，梦想着去云南的仙境走一走，感受那份独特的自然美景和人文风情？ 🏞️ ✨ 今天就来分享一个5天4夜的云南旅行攻略，带你轻松畅游大理、丽江和香格里拉，体验一场难忘的旅程！

主体

- Day 1：抵达大理
  - 行程安排：抵达大理后，入住酒店稍作休息。
  - 推荐景点：下午游览大理古城，感受白族风情，晚上可以在古城内品尝当地美食。

- Day 2：大理洱海
  - 行程安排：早上前往洱海，乘坐小船游览洱海美景。
  - 推荐活动：下午可以选择骑行环湖，或者参观喜洲古镇，体验当地的民俗文化。

- Day 3：前往丽江
  - 行程安排：早上乘车前往丽江，车程约2小时。
  - 推荐景点：抵达后游览丽江古城，四方街和木府，感受纳西族的历史和文化。

- **Day 4**：丽江玉龙雪山
  - 行程安排：早上前往玉龙雪山，乘坐缆车上山。
  - 推荐活动：游览蓝月谷，欣赏雪山脚下的美丽湖泊，下午返回丽江古城。
- **Day 5**：前往香格里拉
  - 行程安排：早上乘车前往香格里拉，车程约3小时。
  - 推荐景点：抵达后游览普达措国家公园，体验高原湖泊和原始森林的自然美景。

结尾

总之，这次5天4夜的云南之旅真的是一次难忘的体验！ 🌊 大理的宁静、丽江的浪漫和香格里拉的神秘，每一站都让人流连忘返。

进一步操作指引

如果你想了解更多关于云南旅行的攻略和建议，可以关注我的小红书账号，我会定期分享更多实用的旅行小窍门哦！ 🖤

〇 AI搜索　　📖 深度阅读　　✐ AI写作　　⊕ AI画图

图 72

　　如果，你要写一篇口红的小红书种草笔记，那么就可以用"亲身经历分享"这个框架，让AI按上述提供的结构去创作即可，如图73。

★AI快速创作

◎ 提示词

我想写一篇×××产品的种草笔记，请你按照以下结构来写一篇

01. 个人经历：描述自己使用×××产品的过程

02. 感受与变化：分享使用后的感受和生活中的变化

03. 推荐理由：阐述为什么推荐给其他人

> 我想写一篇AAA口红很水润的种草笔记，请你按照以下结构来写一篇
> - 个人经历：描述自己使用AAA口红的过程
> - 感受与变化：分享使用后的感受和生活中的变化
> - 推荐理由：阐述为什么推荐给其他人

AAA口红：水润不脱色的完美选择

个人经历

Hey宝贝们，大家好呀！ 💄 最近入手了一款超赞的口红——AAA口红，真的要强烈推荐给你们！ ✨

我一直追求那种既滋润又不易脱色的口红，试过好多品牌都不太满意。直到遇到了AAA口红，简直是我的救星啊！

图 73

记得第一次使用它的时候，我就被它深深吸引了。它的包装简约而不失高级感，拿在手里就觉得很有质感。打开盖子，那鲜艳的颜色瞬间让我眼前一亮。

涂在嘴唇上的感觉更是惊艳，质地非常柔滑，一点也不干，就像给嘴唇喝了一大口水一样。而且它很容易上色，轻轻一抹就能呈现出完美的色彩。

感受与变化

自从用了AAA口红，我的生活都变得精致了不少。以前出门前总是担心口红会脱色，现在完全没有这个顾虑了。哪怕是吃个饭、喝个水，颜色依然牢牢地附着在嘴唇上，持久度真的让我惊叹不已。

而且它的保湿效果也太好了！以前用的一些口红，虽然颜色好看，但涂久了嘴唇会干得起皮。而这款AAA口红完全不会，它能让我的嘴唇一整天都保持水润润的状态，就像自带反光板一样，让嘴唇看起来更加丰满有光泽。

我感觉自己的气色也变好了很多，每次出门都自信满满。朋友们见了我都说我的嘴唇颜色好看，问我用了什么秘诀。我毫不犹豫地就推荐了这款AAA口红。

推荐理由

那么，为什么我会如此强烈推荐这款AAA口红呢？

首先，它的颜色选择非常丰富，无论你是喜欢温柔的裸色，还是热烈的红色，都能找到适合自己的那一款。

其次，它的质地细腻，容易推开，不会卡唇纹。就算是我这种不太会化妆的人，也能轻松驾驭。

再者，它的持久度和保湿效果真是我用过的口红中数一数二的。不用担心脱妆的问题，也不用担心嘴唇会干燥起皮。

最重要的是，它的性价比超高。价格亲民，但质量和效果却丝毫不输大牌。

总之，AAA口红真是一款值得拥有的口红，如果你还在为选择哪款口红而烦恼，不妨试试这款，相信你也会爱上它的！

进一步操作指引

如果你对这款AAA口红感兴趣，可以去我的小红书主页查看更多详细的使用心得和试色图哦！ 🖤

通过这个例子，我们可以看到如何通过描述个人经历、分享感受与变化以及阐述推荐理由，来撰写一篇吸引人的种草笔记。希望这个例子能帮助你更好地理解和应用这一结构来撰写小红书笔记。

图73

根据选题，选择适合的框架，用AI赋能，进行快速创作。

第4节　AI赋能公众号，打通公域+私域间快速转化

公众号连接着微信、朋友圈、视频号，可以说是从公域到私域的连接器。

因此，无论你做任何一个产品，都不能放弃公众号这个主阵地。

尤其是公众号平台，增加了公域流量入口（推荐流、话题标签等），正反馈极好，配合视频号能够很快涨粉，又能快速转化。

目前，公众号又出了小绿书（即类似小红书的图文模式，被大家称为"小绿书"），为公众号增添了新的内容形式，通过直观的图片展示产品，增强用户的视觉体验。

近期，公众号还更新了回复功能，在回复用户留言的时候，可以直接放链接进去了，目前支持公众号文章链接、小程序链接、小店商品链接等，有人看了你的内容，对产品感兴趣，就可以直接发链接进行回复。

公众号是实现快速成交的关键平台。

形式主要可分为：个人IP文、科普文、产品文、故事文4种形式。

1. 写好IP文，10倍扩大品牌影响力

现在不再是传统交换一张纸质名片的时代了，大多数人会选择加个微信，发个自我介绍。

最简单粗暴的方式，就是以微信消息的方式直接发一串文字。还有一种形式，也是很多人常用的，在公众号上编辑一篇文章来介绍自己，每次直接推送自己的文章给对方，如果对方对你感兴趣，或者想要寻找合作的机会，就会认真看你的个人介绍文。甚至可能本来对你没兴趣，但看完介绍，会产生合作的想法。

公众号现在已经成为一种名片形式了。

模板001：昵称+坐标+职业+成就事件+我能提供的帮助

结构解析：让用户全方位了解你擅长做什么，你的产品/服务。

这个模板，就是第三章第1节讲到的内容，在这里就不展开赘述了。

一篇文章，一旦在公域平台发布，它就会不断在互联网上发酵，五湖四海的朋友会通过你的文案，漂洋过海来看你。

听过一句话：一篇好的IP文，就是你的"24小时代言人"。

文案不仅能展示你的个人魅力，还是实现被动引流的核心，通过自我介绍和独特的出场方式，吸引他人主动接近你。毕竟，如果别人对你本人没有兴趣，他们就不太可能添加你为好友。

因此，拥有优秀的文案思维至关重要。它教会我们，首先要通过文字推销自己，建立个人品牌，然后再自然而然地推广产品。这样不仅能为你带来更多的机会，还能吸引更多贵人的关注和支持。这就是为什么说，好的文案思维是成功的关键。

模板002：时间线+关键点+填故事+填情绪+展望未来

时间线：首先确定主线，梳理你从小到大的成长经历，让大家看到你是如何一步步走到现在的，通过时间线和的设定，确保故事有明确的脉络和主线，易于理解。

关键点：列出几个重要的时间节点，回顾这些关键节点上，你是如何应对挑战并取得成长的。提炼成小标题，使得故事的重点突出，便于读者抓住核心内容。

填故事：描述你为了达到目标付出了什么努力，有哪些低谷期，你是如何找到突破口的。重点描述一个对你影响最大的事件，突出其重要性和影响力。

填情绪：在每个关键事件中加入具体的情绪词和心理状态，增强故事的共鸣感。分享你对这些事件的思考和感悟，展示你的成长和进步。

展望未来：描述你对未来的期望和计划。加入一个有共鸣的金句，升华文章的主题和情感。

网上有一个很火IP故事选题，就是"××的十年"。你也可以以十年为节点，来描述你的故事。

★AI快速创作

第一步：让AI给你一个参考模板。

◎ 提示词①

我是编程从业者，要写一个十年奋斗故事，现在给一个模板，请你按照模板写一个文案示例。（把上述"时间线+关键点+填故事+填情绪+展望未来"的详细解析发给AI）

效果相当不错，按照时间节点直接梳理出一个模板了，如图74。

当然可以，以下是一个基于上述模板编写的个人故事文案示例：

从梦想到现实：十年的奋斗之旅

开场引入

"十年，一段不长不短的时间，足以让一颗梦想的种子生根发芽，绽放出绚烂的花朵。今天，我想分享我的十年奋斗之旅。"

时间线与发展

- 2010年：初识梦想
  高中时期，我第一次接触到编程，立刻被它的魅力吸引。那一刻，我立下了成为一名优秀程序员的梦想。

- 2013年：大学的挑战
  进入大学后，我发现编程的世界远比我想象的要复杂。无数个夜晚，我在图书馆熬夜学习，努力追赶前沿技术。

- 2017年：初入职场的挣扎
  毕业后，我进入了一家初创公司，面对陌生的环境和高压的工作节奏，我经历了职业生涯的第一次低谷。

高潮与转折

- 2019年：重大项目的成功
  我主导了一个跨部门的技术项目，经过无数次的失败和调整，最终成功上线，获得了公司的高度认可。这次经历让我重新认识了自己的潜力。

情绪与反思

- 情绪波动
  在项目成功的那天晚上，我流下了激动的泪水。那一刻，所有的疲惫和压力都烟消云散，取而代之的是满满的成就感和自豪感。

- 深刻感悟
  这十年，我学会了坚持和创新。每一次挫折都是成长的机会，每一次成功都是新的起点。

展望未来

- 未来展望
  我期待在未来继续探索技术的边界，带领团队创造更多创新的产品。我相信，只要心中有梦，脚下有路，就没有到达不了的远方。

- 金句点缀
  "梦想不会逃跑，逃跑的永远是自己。"这句话一直激励着我不断前行。

图74

第二步：让AI写故事。

你先按照上面的节点，详细描述你自己亲身经历，让AI来丰富内容，如图75。

◎ 提示词②

请你完善下面的故事，写出挣扎感、无力感，以及自己决心改变的心理状态。

"2017年，我进入了一家初创公司，面对陌生的环境和高压的工作节奏，我经历了职业生涯的第一次低谷。那时候的我不懂人情世故，被同事排挤，同时自命清高，工作中出错，让我重新审视自己。学会了谦虚，认真打磨专业技能。"（这里提取了上述的一个节点，来举例说明）

> 提示词1：请你完善下面的故事，写出挣扎感、无力感，以及自己决心改变的心理状态，
>
> 2017年，我进入了一家初创公司，面对陌生的环境和高压的工作节奏，我经历了职业生涯的第一次低谷。那时候的我不懂人情世故，被同事排挤，同时自命清高，工作中出错，让我重新审视自己。学会了谦虚，认真打磨专业技能

2017年：初入职场的挣扎与蜕变

2017年，我满怀憧憬地进入了一家初创公司，心中满是对未来的期待和兴奋。然而，现实却给了我当头一棒。面对陌生的环境和高压的工作节奏，我迅速陷入了职业生涯的第一次低谷。

挣扎感与无力感

初来乍到，我对公司的工作流程和文化一无所知，常常感到手足无措。每天加班到深夜，面对一堆未完成的任务，内心的压力如山一般压得我喘不过气来。更糟糕的是，我不懂人情世故，常常因为言行不当而被同事排挤。每一次被冷落和排斥，都像一把锋利的刀割在我的心上，让我感到无比的孤独和无助。

自我反省与决心改变

在那段艰难的日子里，我开始深刻反思自己的行为和态度。自命清高的我，常常因为粗心大意而工作出错，这不仅影响了团队的进度，也让我在同事心中的形象大打折扣。每一次错误的发生，都像一记重锤，敲打着我的自尊心，让我感到前所未有的无力。

然而，正是这些挫折和痛苦，点燃了我内心深处的斗志。我决定彻底改变自己，学会谦虚，认真打磨专业技能。每天早起晚睡，利用一切可以利用的时间学习新知识，请教前辈，逐步提升自己的工作能力。每一次小小的进步，都让我看到了希望的光芒。

蜕变与成长

经过几个月的努力，我逐渐适应了公司的工作节奏，赢得了同事的认可和信任。那段艰难的时光，虽然充满了挣扎和无力感，但也成为了我职业生涯中最宝贵的财富。它教会了我如何在逆境中坚持，如何在挫折中成长。

如今回首那段日子，我深深感谢那段经历。它不仅让我学会了如何在职场中立足，更让我明白了谦虚和努力的重要性。每一次的挣扎和改变，都是我成长的印记，也是我未来道路上最坚实的基石。

图75

　　AI按照这一套提示词，可以把你的"小故事"变成"大故事"，让文案更立体，更有共鸣。

　　你可以截取不同节点的故事，让AI进行分段创作，然后合并成一篇文章。再根据自己想要突出的重点进行删减。

　　第三步：展望未来。

◎ 提示词③

> 我想要达成××目标，请你根据目标，写一段200字展望未来的文案，并加入金句。

> 未来五年，我希望带领团队研发新项目，做到行业第一。
>
> 请你根据目标，写一段200字展望未来的文案，并加入金句。

展望未来

未来五年，我怀揣着坚定的信念，期望能够带领团队在技术研发的道路上不断突破，研发出更多创新且领先行业的优质项目。我们将以满腔的热情和不懈的努力，迎接每一个挑战，追求卓越，力求在行业内树立标杆，做到行业第一。这段旅程或许充满艰辛，但我坚信，只要我们心中有梦，脚下有路，就没有抵达不了的远方。正如那句金句所言："梦想不会逃跑，逃跑的永远是自己。"让我们携手共进，向着更高的目标奋勇前行，共创辉煌的未来！

图 76

　　按照上述方法，层层描写，一篇完整的个人成长故事文，很快就能够完成了。你可以立刻梳理一下自己的故事，借用AI快速创作，如图76。

2. 写好故事文：用情感历程感召用户

　　"说故事"对人的影响太强大了，有时强大到不可理喻，人们会因为喜欢某个故事，而选择下单。

　　人人都爱听故事。从古至今，故事一直伴随着人类的成长与进步。

　　小马过河的故事教会了我们，不能轻信他人，要勇于探索未知。狼来了的寓言告诫我们，诚实是美德，言行要真实可靠。人们用讲故事的方法不断地传承价值观和方法论，人们在故事中学习。

　　一篇好文章往大了说，其实就是由故事和观点组成，其中占据较大篇幅的是故事，能打动人的往往也是故事。

故事的关键点在于变化。

比如：

你之前不爱读书（before），现在爱上读书（after）；

你之前习惯性拖延（before），现在行动力爆棚（after）；

你之前有起床困难症（before），现在每天5点准时起床（after）。

读者会忍不住思考，你经历了什么，有了这么大的转变，我是不是也可以改变自己呢？

一个好的故事，往往会让读者感同身受，仿佛置身其中。当我们看到主人公经历的挑战和困境，我们也会思考自己的人生，面对类似的处境时应该如何应对。

讲好品牌故事，让你的文案一字千金。

这是人人都该重视的一课。

给大家分享一套《草根逆袭记》的万能模板，看过一个健身馆健身卡的销售文案是这样的：

"2023年体重70公斤，穿不下喜欢的长裙；2024年体重50公斤，紧身长裙随意穿。"

公众号软文的开头便可以用这样的起伏，创作出一个"逆袭"的故事。

让一个起点低的主角，经历各种困难，最终通过自己的努力，达成自己的目标。让消费者产生"要成为他这样的人需要怎样做"的疑问，从而激起消费者继续阅读的兴趣。

模板001：之前+之后+努力过程+你也可以

★AI快速创作

◎ 提示词

01.请你按照"之前+之后+努力过程+你也可以"的形式写一个关于××的故事

02.之前，要强调起点很低，之后，要有一个很大的进步。有一个很大的反差。参考这一段："2023年体重70公斤，穿不下喜欢的长裙；2024年体重50公斤，紧身长裙随意穿"

03.中间要写3个起起伏伏努力的过程，一次次失望到希望再到希望，最终达

成目标

04.文章中植入产品，是因为××产品/服务才有了很大进步

05.请你用新媒体的语言风格来写，像个大姐姐一样在分享好物

★举例说明

让AI写一篇《AI文案营销》的公众号软文。提示词和生成效果如图77。

AI写出来的效果相当好，你可以加入自己的真实过程，公众号软文的形式可以长一点。让读者更有共鸣。

01.请你按照"之前+之后+努力过程+你也可以"的形式写一个关于写出爆款文案的故事
02.之前，要强调起点很低，之后，要有一个很大的进步。有一个很大的反差。参考这一段："2023年体重70公斤，穿不下喜欢的长裙；2024年体重50公斤，紧身长裙随意穿"
03.中间要写3个起起伏伏努力的过程，一次次失望再到希望，最终达成目标
04.文章中植入产品，是因为看了《AI文案营销》这本书才有了很大进步
05.请你用新媒体的语言风格来写，像个大姐姐一样在分享好物

01. 之前+之后+努力过程+你也可以

之前：
宝子们，2023 年那会儿，咱这文案水平简直差得没法看，写啥都没人搭理，阅读量低得可怜，爆款更是想都别想。

之后：
到了 2024 年，惊变！咱的文案简直火得一塌糊涂，阅读量嗖嗖往上涨，好几万的阅读量那是常事儿，爆款文案那是信手拈来。

努力过程：

- 起初的抓瞎与心碎：
  一开始啊，咱写文案就像是在迷雾里乱撞，啥招儿都不管用。每次辛辛苦苦码字，结果就是无人问津。看着那惨淡的数据，心哇凉哇凉的，感觉自己都要崩溃啦。

- 遇见宝藏与初尝甜头：
  就在咱要放弃的时候，发现了《AI 文案营销》这本书，简直就是救星啊！咱按照书里说的开始尝试，虽然一开始效果不太明显，但偶尔也能冒出点小火花，心里那叫一个美滋滋，觉得有希望啦！

- 疯狂钻研与华丽变身：
  可道路哪有一帆风顺的呀。有时候觉得文案还不错，结果却不尽人意，有时候有点起色又遇到新难题。但咱没放弃，一头扎进书里，反复琢磨实践。终于，一篇文案横空出世，直接爆了，成功实现了从菜鸟到高手的华丽转身。

你也可以：
宝子们，如果你们也和我当初一样，在文案上没啥起色，别慌！只要你愿意努力，去读读《AI 文案营销》这本神书，多尝试多摸索，你也肯定能写出爆款文案，成为让人羡慕的大佬！

图 77

我给出的指令是"请你用新媒体的语言风格来写，像个大姐姐一样在分享好物"，你可以根据自己平时的语言风格来调整提示词，灵活套用模板。

参考模板：

请你按照励志鸡汤的风格，多写一些抓心的金句。

请你在每一段经历描述完后，进行100字总结，告诉读者这件事背后的辛酸和你不服输的精神。

模板002：意外事件+遇到转折+做事初衷+未来目标

★举例说明

【意外事件】我太太怀孕了，在家里休息时，走路不小心滑倒了。把我吓得够呛，赶紧送她去医院检查，幸好大人和孩子都没事。

我发现导致这一幕的发生的原因是：自己家里的地砖太滑了！

【遇到转折】于是，我决定找一款防滑的地砖，让一家人都能够在家里感受到安全感。

寻寻觅觅找到了××瓷砖，发现这款瓷砖防滑，也很美观，性价比很高，也就因此做了××瓷砖的代理商。

【做事初衷】由己推人，我家里有老母亲和孕妈妈，都经不起这一摔，我想很多人和我一样。

【未来目标】所以，我想让千千万万的家庭都能享受这样的安全感和舒适度。我的目标就是守护10000个小家的地面安全。

这是我在一个线下活动，听到的真实故事，听完后台下一片掌声。很快好丈夫、好儿子、好爸爸的形象植入人心，同时，他是好代理商的形象也植入人心了。

这样的故事完全可以写在公众号，传播自己的理念。

★AI快速创作

◎ 提示词

01.描述一个具体的意外情况或突发事件，这个事件应该与××产品或服务有直接或间接的关联

02. 叙述你在意外事件后采取的行动或决策。这个转折点引出您与××产品或服务的结缘

03. 阐述您从事某项活动或创办企业的原始动机。强调您的价值观、责任感或对某个问题的深刻洞察

04. 明确您的长远愿景或目标。这个目标应该是宏大且具有社会意义的，能够激发听众的共鸣

你可以梳理一下你的产品，让AI来进行创作。

故事总能触动我们的心灵，让我们与消费者建立起深厚的情感联系。故事不仅能让消费者更容易接受后续的产品营销，还能有效降低他们对硬广告的排斥感。看看那些备受瞩目的博主，你就不难发现，不论年龄和外貌如何，每个人都有机会成为故事的主角，分享自己的经历。

同样地，品牌也不例外。只要拥有引人入胜的故事，人们自然愿意驻足聆听。

3. 分享科普文，将商品推到需要的人手上

现在大家遇到问题，第一时间去网上查询和搜索，在搜索的这个过程当中，很可能就搜到了你的科普文/干货文，通过这篇文章了解到你，明白你的专业性，了解到你能解决什么问题，从而关注你，最后实现成交。

这样的文章可以直接形成连续剧形式，每天更新一点小技巧。

模板001：引言+是什么+为什么+怎么做

结构解析：先引出一个大家关注的话题，解释这个话题的概念，再提供方法论。

★AI快速创作

◎ 提示词

请你按照××模板，写一个关于××的干货文

现在让AI写一篇"发养成系朋友圈的三要素"的干货文，如图78。

> 引言 + 是什么+ 为什么 + 怎么做
>
> 请你按照这个模板，写一个"发养成系朋友圈的三要素"的干货文

引言：

随着社交媒体的普及，朋友圈成为了我们展示自我、分享生活的重要窗口。而在众多类型的朋友圈中，"养成系"朋友圈以其独特的魅力，逐渐受到大家的喜爱。那么，如何才能打造出引人入胜的养成系朋友圈呢？本文将为你揭示发养成系朋友圈的三要素。

是什么：

养成系朋友圈是指通过连续性的分享，展示某个目标或事物从初始阶段到成熟过程的一种朋友圈形式。它可以是一个人的成长历程、一个项目的推进情况，或者是一种爱好的进阶过程。这种类型的朋友圈能够激发观众的好奇心和关注度，让人感受到持续的惊喜和成就感。

为什么：

发养成系朋友圈具有诸多好处。首先，它能够增强观众与你的联系，让他们更加深入地了解你的生活和价值观。其次，养成系朋友圈有助于培养观众的耐心和期待感，使他们在关注的过程中获得满足感。最后，通过展示事物的成长过程，你也能收获他人的认可与鼓励，从而激励自己不断前行。

怎么做：

一、明确养成目标

　1.设定具体目标：在开始发养成系朋友圈之前，先明确你要展示的目标是什么，确保整个过程具有清晰的方向性。

　2.分解阶段任务：将整体目标分解为若干个小目标或阶段任务，便于逐步展示和分享。

二、保持更新频率与质量

　1.定期更新：为了维持观众的关注度，你需要保持一定的更新频率，让养成过程持续进行。

⟳ AI搜索　　▢ 深度阅读　　✐ AI写作　　◎ AI画图

图78

注：这里只截取了其中一部分内容，方便大家参考。

模板002：知识科普+常见误区+正确方法+推荐产品

结构解析：以科普知识的形式开头，指出大众在某方面的常见误区，随后进行正确引导，最后顺理成章地推荐相关产品。

★AI快速创作

◎ 提示词

01.请你按照"知识科普+常见误区+正确方法+ 推荐产品"模板，写一个关于××的干货文

02. 请你指出很多人存在××误区，导致××损失

03. 请你提供3个正确××的技巧，并举例说明

04. 请你在文末推荐××产品/服务

例如，我现在让AI写一篇"销冠发朋友圈的方法"的干货文，提示词如下。

01. 请你按照模板"知识科普+常见误区+正确方法+推荐产品"，写一个关于"销冠发朋友圈的方法"干货文

02. 请你指出很多人在朋友圈发广告，让人觉得反感，不仅无效且会被屏蔽

03. 请你提供3个正确发圈的技巧，并举例说明

04. 请你在文末推荐"朋友圈成交"课程

根据提示词生成内容如图79。

很多人在朋友圈发广告，让人觉得反感，不仅无效且会被屏蔽

频繁在朋友圈发布广告内容通常会导致以下问题：

- 信任度下降：过多的广告信息会削弱朋友圈的个人属性，降低朋友间的信任感。

- 互动减少：当朋友圈充斥着广告时，朋友们参与讨论的兴趣会显著下降。

- 屏蔽风险增加：如果广告内容质量不高或发布过于频繁，朋友可能会选择屏蔽你的动态。

正确发圈的技巧

1. 故事化叙述：
  - 举例说明：分享一个成功案例，例如："今天帮助一位客户解决了长期困扰的问题，看到他的笑容，一切都值得！"

2. 展示个人态度：
  - 举例说明：发布关于生活态度的短文，例如："坚持就是胜利，每一次努力都会在未来的某一天开花结果。"

3. 利用数据和图表：
  - 举例说明：制作一张图表展示本月销售目标的达成情况，并附上简短的文字说明："本月目标达成率120%，感谢有你们的支持！"

推荐"朋友圈成交"课程

为了进一步提升在朋友圈中的营销效果，推荐参加"朋友圈成交"课程。该课程专门针对销售人员设计，涵盖了从内容创作到客户转化的全方位技巧，帮助你更有效地利用朋友圈达成销售目标。

通过以上方法和课程的学习，相信你能更好地掌握朋友圈营销的艺术，实现更高的业绩和更广泛的客户认可。

图 79

AI给出了基础框架，你可以有针对性进行细节修改和提问。干货文的重点就是"提供实用的技巧"，那么就要再细化正确的发圈技巧。

◎ 提示词参考模板

01.补充一些具体的销冠发朋友圈技巧

02.请你举个详细的例子，写个300字的××小故事

目前，AI写短文可以，但是写长文比较吃力。因此你需要先让它给你一个框架，然后有针对性展开提问，一段段打磨后，最后合并成一篇文章。

4. 描写产品文，让精准用户自动下单

当用户对你有了解，且知道你能解决什么问题的时候，一定要给用户一个详细的产品介绍，让他们可以快速下单，节省你介绍的时间。

公众号可以容纳图片、文字、视频，是非常好的介绍产品的平台。

写产品文的重点，不是描述产品的特点，而是描述产品的利益点。介绍得再天花乱坠，都不如直接告诉读者一句你的能解决的问题。

我总结了4句话模板。

第一句：点出利益点

模板句式：我用这个方法/秘诀/产品，帮他避免了××、帮他赚到了××、实现了××、瞬间提升××、解决了××。

例如：

我用这个方法，帮他避免了100万元的损失；

我给他提了三点建议，帮他赚了100万元；

我靠这个方法，实现了写作月入过万；

我只用了这一招，成交率瞬间提升10倍；

这个AI鼠标，一键解决我写爆款文案的所有苦恼。

第二句：引导点赞收藏

模板句式：赶紧点赞收藏，不然一会儿找不到我。干货马上送到……

这里直接套用就可以，不再展开讲述。

第三句：提升完读率

模板句式：××最好用的3个小技巧，学会一个都能让你××翻倍，尤其是第3个最有效。

不管写几个技巧，都要写"最后一个更有效"，引导大家看完。

第四句：讲产品

模板句式：出场景+给方法+举例子+客户证言

出场景：在某个特定的场景中有什么痛点。

给方法：有什么方法能够解决痛点。

举例子：告诉用户使用步骤。

客户证言：写出用户好评。

例如：

出场景：都说最近流量不好，你是不是辛辛苦苦写了一篇文案，发现根本没人看。

给方法：决定打开文案的核心是标题，给你3个技巧，分别是……

讲产品：现在有了AI鼠标，直接把这些技巧投喂给AI，就更快了。

举例子：例如，我现在把上面的技巧发给AI让它学习，现在让它重新写标题，1秒就能得到10个爆款标题。

客户证言：我身边的同事，现在都在用，大家都说……

接下来就需要让AI辅助了，相信很多人都有一个巨大的痛点，即便方法都懂了，写文案的时候，还是想不到有哪些场景问题，写好评还需要自己动脑子。

接下来，你按照提示词一步步询问AI，就能很快得到一套满意的文案。

★AI快速创作

◎ 提示词①：出场景

请你写出××时，会遇到哪些痛点，会面临的哪些痛苦场景，请你举例说明，至少列举5个

以宣传一款"智能写作APP"解决用户痛点为例，如图80：

请你写出人们在写文案时，会遇到哪些痛点，会面临的哪些痛苦场景，请你举例说明，至少列举5个

在写文案的过程中，人们常常会遇到以下五个痛点，这些痛点不仅影响文案的质量，还可能让创作者感到挫败和压力重重：

1. 缺乏灵感和创意

痛点描述：
许多文案创作者在开始写作时，常常感到灵感枯竭，无法找到独特且吸引人的创意点。

痛点场景举例：
小李是一名广告公司的文案撰写者，每当公司推出新产品时，他都需要在规定时间内提交创意文案。然而，很多时候他都感到思维僵化，无法突破常规，导致文案缺乏新意，难以打动目标受众。

2. 时间紧迫

痛点描述：
在快节奏的工作环境中，文案创作者常常面临时间紧迫的挑战，需要在短时间内完成高质量的文案。

痛点场景举例：
王经理是一家创业公司的市场总监，每次产品发布前夜，她都需要加班加点地撰写推广文案。由于时间紧迫，她常常感到压力巨大，甚至不得不牺牲文案的深度和质量。

3. 目标受众不明确

痛点描述：
不清楚目标受众的具体需求和兴趣点，导致文案无法精准传达信息，影响效果。

痛点场景举例：
张华是一名自由撰稿人，经常接到各种不同领域的写作任务。由于缺乏对特定目标受众的了解，他的文案常常显得过于泛泛而谈，无法引起读者的共鸣和兴趣。

4. 文案反复修改

痛点描述：
文案需要经过多次修改才能达到客户或上级的满意，这一过程既耗时又令人沮丧。

痛点场景举例：
刘女士是一家公关公司的资深文案，她的每一份文案都需要经过客户的多次反馈和修改。尽管她尽力满足要求，但频繁的改动让她感到疲惫不堪，甚至开始怀疑自己的能力。

5. 数据驱动与创意平衡

图 80

◎ 提示词②：给方法

请你针对上述"××场景"的痛点，提供3个实用的技巧

根据提示词生成内容如图81。

> 请你针对上述"文案需要经过多次修改"的痛点，提供3个实用的技巧

针对"文案需要经过多次修改"的痛点，以下提供三个实用的技巧，帮助文案创作者提高效率并减少修改次数：

1. 明确需求与目标

技巧描述：
在开始写作之前，确保与客户或上级进行充分沟通，明确文案的目标、受众和关键信息点。

具体做法：

- 制定详细的文案需求清单，包括目标受众、核心卖点、预期效果等。
- 进行一次预备会议或电话沟通，确保所有相关方对文案的方向和内容有共识。

好处：

- 减少因误解或沟通不畅导致的反复修改。
- 提高文案的一次性通过率。

2. 先草拟大纲再细化内容

技巧描述：
在正式撰写文案之前，先制定一个详细的大纲，明确每个部分的要点和逻辑结构。

具体做法：

- 根据需求清单，列出文案的主要段落和关键句子。
- 确保大纲的逻辑清晰，内容层次分明。

好处：

- 有助于理清思路，避免写作过程中的偏离主题。
- 方便后续的修改和完善，只需调整局部内容而非整体重写。

3. 多次审阅与自我反馈

技巧描述：
在提交文案之前，进行多次自我审阅，并尝试从不同角度进行评估和改进。

具体做法：

- 完成初稿后，先放置一段时间（如24小时），再进行二次审阅。
- 模拟不同受众的角色，检查文案的吸引力和可读性。
- 可以请同事或朋友提供反馈意见，帮助发现潜在问题。

图81

◎ 提示词③：植入产品+讲方法

请你描述"××产品"如何解决上述"文案需要经过多次修改"的痛点

根据提示词生成内容如图82。

请你描述"AI写作"如何解决上述"文案需要经过多次修改"的痛点

⊘ 引用 9 篇资料作为参考　　　　　　　　　　　　　　　　　　　∨

AI写作通过其强大的自然语言处理能力和智能算法，能够有效解决文案创作中"需要经过多次修改"的痛点，提升写作效率和质量。以下是AI写作如何解决这一痛点的具体方法：

AI写作如何解决"文案需要经过多次修改"的痛点

- 快速生成初稿：AI写作工具能够迅速理解用户需求，生成多个版本的初稿，大大缩短了写作时间 4 。

- 提供个性化定制：AI写作工具可以根据目标受众和用户需求，提供个性化的文案建议，确保文案内容精准 3 。

- 语法和拼写检查：AI写作工具具备语法和拼写检查功能，能够自动识别并修正错误，提高文案质量 7 。

- 智能优化建议：AI写作工具能够根据内容分析，提供优化建议，如句子重组、词汇替换等，帮助文案更加流畅和吸引人 7 。

AI写作优化文案质量的技巧

- 使用范文：提供一篇高质量的范文，让AI模仿其结构和风格，有助于生成更加专业和符合需求的文案 8 。

- 多轮编辑和润色：通过多轮编辑和润色，结合人工审核，确保文案不仅逻辑清晰，还能传递个人观点和情感 1 。

- 利用专业工具：使用专业的语法检查和内容优化工具，如Grammarly，进一步提高文案质量 1 。

AI写作通过其高效、个性化的特点，不仅能够减少文案修改的次数，还能提升文案的整体质量，成为文案创作者得力的助手。

图 82

◎ 提示词④：举例子

请你举个例子

根据提示词生成内容如图83。

请你举个例子

当然可以，以下是一个关于如何利用AI写作解决"文案需要经过多次修改"痛点的具体例子：

场景设定

假设你是一家电商公司的新媒体运营专员，你需要为即将到来的促销活动撰写一篇吸引人的推广文案。由于时间紧迫，你希望在最短时间内生成一份高质量的文案，并尽量减少修改次数。

使用AI写作解决痛点的步骤

第一步：快速生成初稿

1. 输入需求：你在AI写作工具中输入了促销活动的详细信息，包括产品特点、优惠力度和目标受众。

2. 生成初稿：AI写作工具迅速生成了几篇不同风格的初稿，供你选择。

第二步：提供个性化定制

1. 筛选版本：你浏览了AI生成的初稿，选择了一篇风格与品牌形象最契合的版本。

2. 微调内容：根据公司的品牌调性和目标受众的偏好，你对文案进行了细微的调整，使其更具吸引力。

第三步：语法和拼写检查

1. 自动修正：AI写作工具自动检测并修正了文案中的语法错误和拼写错误，确保文案的专业性。

2. 人工复核：你再次审阅文案，确保没有遗漏的错误，并对部分句子进行了优化。

第四步：智能优化建议

1. 优化建议：AI写作工具根据内容分析，提供了几条优化建议，如替换某些词汇以提高文案的流畅度和吸引力。

2. 最终定稿：你结合AI的建议，对文案进行了最后的润色，形成了最终的推广文案。

图 83

◎ 提示词⑤：客户证言

请你帮我写××字的用户好评，让更多的用户来购买产品

根据提示词生成内容如图84。

这款AI写作太棒了，请你帮我写200字的用户好评，让更多的用户来购买产品

这款AI写作工具真是我的得力助手！它不仅高效快捷，还能精准把握文案的需求，为我节省了大量时间和精力。在使用过程中，我发现它能够迅速生成高质量的初稿，大大减少了反复修改的烦恼。而且，它的个性化定制功能也非常贴心，让我的文案更加符合品牌形象和受众喜好。此外，它的语法和拼写检查功能也让我省去了很多后顾之忧，确保了文案的专业性和准确性。强烈推荐给所有需要撰写文案的朋友们，相信你们一定会爱上这款神奇的AI写作工具！

图 84

通过以上5个步骤，很快就能得到一篇产品介绍文。

注意：上述步骤不能乱，要一步步来引导AI创作，提示词是一环一接环。

第5节 AI赋能短视频，10分钟写出成交文案

刷短视频已经成为生活常态，大部分人在闲暇时间都会打开手机刷上一会。

你可以思考一下，你通常刷到什么样的内容时才会停留，愿意点赞或者为内容下单呢？

好看的短视频背后离不开好文案，随便点开一篇爆款，总会有一两句朗朗上口的金句，或者戳中你情绪的词汇，或者解决了你某个痛点的描述。

1. 爆款视频的三个关键点

开局决定输赢

短视频能否成为爆款，开头信息起决定性作用。如果前面没有吸引到观众，这条短视频就会很快被用户划走，往往就不会被推荐到更大的流量池中，流量只会越来越少。

所以在开头的设计上一定要下足功夫。要把最有吸引力的一部分放在开头。让更多人愿意停留下来观看，才有机会获得更多的点赞和推流。

节奏紧促

现在的生活节奏越来越快，大家也越来越没有耐心了，短视频如果过于拖拉，用户就会失去耐心，所以内容尽可能简短有力，节奏要快。

同时快节奏也会带动视频画面不断切换，不断刺激用户的视觉，不会造成疲惫感。

制造爆点

每个爆款短视频，都具备2~3个爆点。把你的情绪值拉到最高，把整篇短视频文案的核心观点加以升华，让用户产生更高、更深的认同，并引发点赞、评论等互动行为。

明白了爆款短视频的核心关键点，写文案时就可以牢牢抓住这些关键要素进行创作。

2. 三个维度，打造爆款视频

1）打造有爆点的视频开头

在短视频的开头，可以采用以下6种方式写文案，能够快速抓住用户的吸引力。让你一开口就赢了。

① 给价值。在视频的一开始就直接抛出，用户需求的价值。例如，我花了一万块就为了弄来这套复盘模板，今天分享给大家，刷到这条视频的人真是赚大了……

② 借热点。以当下大家讨论的热点话题作为开头，能很快抓住读者注意力。例如，最近的××事件，你看了吗？真的是惊掉我下巴……

③ 构场景。描述一个生活中的场景，快速抓住用户的注意力。例如，如何化妆才能更有气质？亲戚总是问我工资多少怎么回答呢？

④ 抓痛点。抓住用户在生活和工作中的痛点，以此作为切入口。例如，职场10年勤勤恳恳，看着身边人的升职加薪，自己却还在原地踏步，你可能犯了这3种致命错误……

⑤ 找差异。同质化的内容太多，大家都希望能够听到更新颖的内容。抓住差异化来吸引用户。例如，快被拖延症折磨疯了，试了很多方法，但是发现根本没用，今天我来给你讲点不一样的……

⑥ 能速成。人人都渴望快速学会一种技能，人人都想走捷径，抓住这个特点来开头。例如，让我看看谁还在为写工作总结发愁，这期视频，我教你10分钟写一个被领导夸爆的工作总结。

★AI快速创作

把6个技巧教给AI，让它先学习，再自行挑选一个最合适进行创作。

◎ 提示词

我想要做一个"××产品"的营销短视频，请你按照下面的6个技巧，挑选一个最合适的，写一个视频的开头

以"保温杯"为例，如图85：

AI这句"心也跟着凉了"真不错，很有情绪感染力。你可以尝试让AI用上述不同的技巧来进行创作，找到一个自己最满意的。

我想要做一个"保温杯"的营销短视频，请你按照下面的6个技巧，挑选一个最合适的，写一个视频的开头

给价值。在视频的一开始就直接抛出，你会给用户很大的价值。例如，我花了一万块就为了弄来这套复盘模板，今天分享给大家，刷到这条视频的人真是赚大了……

借热点。以当下大家讨论的热点话题作为开头，能很快抓住读者注意力。例如，最近的XX事件，你看了吗？真的是惊掉我下巴……

构场景。描述一个生活中的场景，快速抓住用户的注意力。例如，如何化妆才能更有气质？亲戚总是问我工资多少怎么回答呢？

抓痛点。抓住用户在生活和工作中的痛点，以此作为切入口。例如，职场10年勤勤恳恳，看着身边人的升职加薪，自己却还在原地踏步，你可能犯了这3种致命错误……

找差异。同质化的内容太多，大家都希望能够听到更新颖的内容。抓住差异化来吸引用户。例如，快被拖延症折磨疯了，试了很多方法，但是发现根本没用，今天我来给你讲点不一样的……

能速成。人人都渴望快速学会一种技能，人人都想走捷径，抓住这个特点来开头。例如，让我看看谁还在为写工作总结发愁，这期视频，我教你10分钟写一个被领导夸爆的工作总结。

视频开头

抓痛点：

"你是否也有这样的经历？冬天的早晨，匆匆忙忙赶去上班，手里的咖啡早已冷却，喝一口，心也跟着凉了。那些寒冷的日子里，你是否曾渴望有一款神奇的保温杯，能时刻为你保留那一份温暖？"

这个开头通过抓住用户在冬日里喝不到热饮的痛点，迅速引起观众的共鸣和关注，为后续展示保温杯的优势和产品特点做好铺垫。

图85

2）制造有爆点的视频内容

① 有数据。如果在某个方面有特别好的数据成绩，在视频文案中合理地插入震撼的数据，能够快速击中用户。比如，不到1个小时卖出10万份；在某某领域取得第一名的好成绩；原来3个小时才能搞定的工作，现在10分钟就能完成等。

② 有对比。使用对比，能够造成很强烈的冲击感。也能很直观展示效果。这种方式很适合在植入产品时使用。不仅能够很好地种草，也能带来爆点。例如，在视频中呈现减肥前后的对比图；不同风格的穿搭的前后对比等等。（千万不要觉得这种广告大家看多了会腻，人们永远有对美好生活的向往，很多产品卖爆就是用了这个方法。）

③ 有冲突。在视频中设置有冲突的故事情节。例如，现在我就给大家演示一下，我是怎么一步步亲手把自己的孩子"毁掉"的，以此来警醒用户在带孩子中不能犯的致命错。

④ 有方法。给干货，把实践过的具体方法给到用户。注意，在给方法的时候要巧妙引导用户看到最后。例如，很多人都用我这3个销售技巧，实现了销售额翻10倍，这是我是我最不愿公开的一期，看到就是赚钱。

⑤ 有情绪。在文案中加入能够激发情绪共鸣的句子。在适当的时候把用户的情绪拉高。例如，凭什么方方面面都不如我的同事，却总是被领导重用……再比如，生活中你是不是和我一样对孩子情绪施暴呢？不知不觉拉远了和孩子的距离而不自知。

⑥ 有金句。结合选题写2～3句金句，穿插在文案中。如果你能在其中插入金句会让用户有更好的体验感。你仔细回忆就会发现，很多时候一个文案、一个视频、一本书等，大概内容你都会忘记，但你会记住一两句其中的金句，甚至因为一句话击中你而下单。并不是讲方法论或者售卖产品就不能讲金句。例如，比尔·盖茨说过："巧妙地花一笔钱和挣到这笔钱一样困难。" 一个人花钱的能力，藏着他的智慧。你今天为自己大脑投资的这份钱就是在聪明地消费……再比如，别再对孩子大吼大叫了，父母是原件，孩子是父母的复印件，永远别低估了言传身教的力量。

★AI快速创作

有了这些技巧，你就可以让AI来学习并创作了。

第一步：让AI学习

◎ 提示词

我给你一些短视频文案的写作技巧，请你先学习。在此之前，不要自由发挥，明白请回复我"明白"

根据提示词生成内容如图86。

01.我给你一些短视频文案的写作技巧，请你先学习。在此之前，不要自由发挥，明白请回复我"明白"

明白。请您提供短视频文案的写作技巧，我会认真学习并在之后的回答中应用这些技巧。

图86

AI给出回应后，投喂技巧，如图87：

1、有数据。如果在某个方法有特别好的成绩，在视频文案中合理的插入震撼的数据，能够快速击中用户。比如，不到1个小时卖出10万份；在某某领域取得第一名的好成绩；原来3个小时才能搞定的工作，现在10分钟就能完成等等。

2、有对比。使用对比，能够造成很强烈的冲击感。也能很直观展示效果。这种方式很适合在植入产品时使用。不仅能够很好的种草，也能带来爆点。例如，在视频中呈现减肥前后的对比图；不同风格的穿搭的前后对比等等。

3、有冲突。在视频中设置有冲突的故事情节。例如，现在我就给大家演示一下，我是怎么一步步亲手把自己的孩子毁掉的，以此来警醒用户在带孩子中不能犯的致命错。

4、有方法。给干货，把实践过的具体方法给到用户。注意，在给方法的时候要巧妙引导用户看到最后。例如，很多人都用我这3个销售技巧，实现了销售额翻10倍，这是我是我最不愿公开的一期，看到就是赚钱。

5、有情绪。在文案中加入能够激发情绪共鸣的句子。在适当的时候把用户的情绪拉高。例如，凭什么方方面面都不如我的同事，却总是被领导重用……；再比如，生活中你是不是和我一样对孩子情绪施暴呢，不知不觉拉远了和孩子的距离而不自知。

6、有金句。结合选题写2-3句金句，穿插在文案中。并不是讲方法论或者售卖产品就不能讲金句，如果你能在其中插入金句会让用户有更好的体验感。例如，比尔盖茨说过："巧妙地花一笔钱和挣到这笔钱一样困难。"一个人花钱的能力，藏着他的智慧。你今天这为自己大脑投资的这份钱就是在聪明的消费……；再比如，别再对孩子大吼大叫了，父母是原件，孩子是父母的复印件，永远别低估了言传身教的力量。

明白。这些技巧非常有帮助，我会认真学习并应用在未来的短视频文案写作中。请您继续提供相关信息或提出具体需求，我会根据您的指导进行创作。

图 87

第二步：给具体的提示词

01. 请你用上述的"有数据"的方法，展示产品的好处，例如，销量高，效率高

02. 请你用上述的"有对比"的方法，展示产品使用后的前后对比，例如，在视频中呈现减肥前后的对比图

03. 请你用上述的"有冲突"的方法，描述我因为××原因，一步步亲手把××毁掉

04. 请你用上述的"有情绪"的方法，描述一个相关的场景或故事，展示产品如何满足情感需求

05. 请你用上述的"有方法"的方法，把产品使用步骤/某个技巧的具体方法给到用户

06. 请你用上述的"有金句"的方法，结合选题写2~3句金句，穿插在文案中

以上的技巧搭配起来使用，根据你要营销的产品来挑选合适的提示词。

举个例子，我现在要写一个"××时间管理APP"的营销文案，挑选其中的4个进行组合。

01. 请你用上述的"有冲突"的方法，描述我是怎么因为拖延，一步步亲手把自己的人生毁掉的

02. 请你用上述的"有情绪"的方法，描述一个相关的场景或故事，展示"××时间管理APP"如何满足情感需求

03. 请你用上述的"有方法"的方法，把"××时间管理APP"的具体方法给到用户

04. 请你在文案中植入产品，并用"有数据"的方法，展示产品的好处，例如，销量高，效率高

根据提示词生成内容如图88。

01.请你用上述的"有冲突"的方法，描述我是怎么因为拖延，一步步亲手把自己的人生毁掉的
02.请你用上述的"有情绪"的方法，描述一个相关的场景或故事，展示"XX时间管理APP"如何满足情感需求
03.请你用上述的"有方法"的方法，把"XX时间管理APP"的具体方法给到用户
04.请你在文案中植入产品，并用"有数据"的方法，展示产品的好处，例如，销量高，效率高

短视频文案

有冲突：

你是否曾因为拖延，一次次错过重要的机会，直到发现自己的人生已经被悄悄毁掉？我就是这样一个例子。曾经的我总是把事情拖到最后一刻，结果不仅工作效率低下，还错过了许多宝贵的机会。

记得有一次，我因为拖延，错过了一个重要的项目汇报，结果导致整个团队的努力付诸东流。那一刻，我才意识到，拖延不仅会影响工作，还会一步步毁掉我的人生。于是，我开始反思自己的行为，决定改变。

有情绪：

在这个快节奏的社会里，你是否也渴望拥有更多的时间陪伴家人、朋友，或是追求自己的兴趣爱好？我曾经也是这样，总是觉得时间不够用，无法平衡工作和生活。

直到我发现了"XX时间管理APP"，它彻底改变了我的生活。这款APP不仅帮助我合理安排时间，还让我学会了如何高效工作，享受生活的每一刻。

图88

有方法：

"XX时间管理APP"通过以下几个方法，帮助你更好地管理时间：

1. 任务清单：每天早上，你可以列出当天的任务清单，明确每项任务的优先级。

2. 时间跟踪：实时跟踪每项任务的进展情况，确保你不会浪费时间。

3. 提醒功能：设置提醒，确保你不会错过任何重要的事情。

4. 数据分析：通过数据分析，了解自己的时间使用情况，找出改进的空间。

有数据：

你知道吗？"XX时间管理APP"在上线后的第一年内，用户数量迅速增长到50万，用户平均每天使用时长超过30分钟。为什么它能如此受欢迎？因为它不仅能帮助你更好地管理时间，还能让你享受到高效工作和美好生活的双重喜悦。

这款APP不仅是你时间管理的利器，更是你生活中的小助手，让你享受到高效工作和美好生活的双重喜悦。现

图88

你可以看一下，只要你给的指令足够清晰，它就会根据你的提示词，来进行创作。你可以试着换一些提示词重新排列组合，就会得到不一样的效果。

3）做好爆款视频结尾

① 制造紧迫。在结尾给出一种紧迫感，这种形式一般用来引导用户下单。例如，限时3天；最后50件，6折促销，下手慢的别哭着找我补货；1折大促，仅限今天周年庆。

② 强调痛点。视频前面的文案已经做了很多铺设，在最后直接重复痛点，更能击中用户。例如，如果你还在为教育孩子发愁，不妨看看这本书，不管是引导孩子写作业，还是疏导孩子心理问题，相信你都能从中找到答案，点击下面链接即可购买。

③ 梳理要点。在结尾时总结视频中讲的重点内容，让用户觉得学到很多。例如，如何写爆款标题，你学会了吗？分别是第一、第二、第三，想要掌握更多写作技巧，评论区发送写作，我送你资料包。

④ 开门见山。在结尾处，可以不绕弯子直接引导用户点赞关注。例如，如果你觉得视频中的内容对你有用，别记得点赞关注，持续收听更多干货。

当上述的短视频创作完成后，你可以直接沿着上述内容，给AI指令。

★AI快速创作

把4个技巧教给AI，让继续创作，挑选一个最合适进行创作。

◎ 提示词

请你参考下面的4个技巧，为上述文案写一个结尾

沿着上述"××时间管理APP"的例子，如图89：

请你参考下面的4个技巧，为上述文案写一个结尾

1、制造紧迫。在结尾给出一种紧迫感，这种形式一般用来引导用户下单。例如，限时3天；最后50件，6折促销，下手慢的别哭着找我补货；1折大促，仅限今天周年庆。

2、强调痛点。视频前面的文案已经做了很多铺设，在最后直接重复痛点，更能击中用户。例如，如果你还在为教育孩子发愁，不妨看看这本书，不管是引导孩子写作业，还是疏导孩子心理问题，相信你都能从中找到答案，点击下面链接即可购买。

3、梳理要点。在结尾时总结视频中讲的重点内容，让用户觉得学到很多。例如，如何写爆款标题，你学会了吗？分别是第一、第二、第三，想要掌握更多写作技巧，评论区发送写作，我送你资料包。

4、开门见山。在结尾处，可以不绕弯子直接引导用户点赞关注。例如，如果你觉得视频中的内容对你有用，别记得点赞关注，持续收听更多干货。

短视频文案结尾

制造紧迫：

现在就行动吧！"XX时间管理APP"限时优惠，前500名用户享受6折优惠，错过这次机会，你可能要再等一年！

强调痛点：

如果你还在为拖延症困扰，无法高效管理时间，不妨试试这款APP。它不仅能帮你解决拖延问题，还能让你享受到高效工作和美好生活的双重喜悦。

梳理要点：

"XX时间管理APP"通过任务清单、时间跟踪、提醒功能和数据分析，帮你更好地管理时间。用户数量迅速增长到50万，平均每天使用时长超过30分钟。

开门见山：

如果你觉得视频中的内容对你有用，别忘了点赞关注，持续收听更多干货。让我们一起告别拖延，享受高效生活！

立即下载"XX时间管理APP"，开启你的时间管理之旅，让每一分每一秒都充满价值！

图 89

结尾主要是引导点赞、关注、下单等动作，只要给出简单指令即可。你根据当下需求，选择适当结尾用语，就能得到一篇完整的短视频文案了。

后记

在自媒体时代，文案营销已成为各平台核心竞争力的关键所在，无论是个人自媒体博主还是企业账号运营者，要想实现成交，都离不开文案的巨大推动力。文案不仅能够为你的内容增色添彩，更是吸引用户、促进销售的重要法宝。

如今，AI这一强大技术的出现，为文案创作者提供了前所未有的便利。它如同在自媒体杠杆上再加一道杠杆，极大地解放了创作者的脑力，助力你快速高效地创作出优质文案。本书作为一本专注于AI文案营销的著作，大量内容都借助AI技术完成。但是，这并不意味着你可以盲目依赖AI。掌握基本的文案写作技巧至关重要，否则你将无法提出恰当的问题，无法给出有效的AI提示词，最终创作出的内容可能显得生硬乏味。

这本书精心打造了一套从技巧到解析，再到AI提示词的完整流程。只要你掌握了其中的技巧和方法，未来的文案创作之路将变得越来越轻松自如，助你在自媒体时代脱颖而出。

期待，未来的文案创作路上有你的陪伴。如果你想加入"AI文案营销成长营"或领取"更多AI文案营销模板"，可以添加微信：1346778248。

最后，非常感谢我的搭档欢欢老师，还有私教团成员禾禾、曼曼、娟子、加号、舒晗、水韵胭，正是你们激发了我创作本书的灵感。谢谢出版社及编辑老师的大力支持。谢谢正在阅读本书的你！